KARSTEN EICHNER

# TRAUMSCHIFF AHOI

## DAS KREUZFAHRT 1 X 1

KARSTEN EICHNER

# TRAUMSCHIFF AHOI

## DAS KREUZFAHRT 1 X 1

KOEHLERS VERLAGSGESELLSCHAFT · HAMBURG

Bildnachweis:
Karsten Eichner, Familienarchiv Eichner, Wikipedia,
Hapag-Lloyd Cruises (Infografik S. 16/17)

Ein Gesamtverzeichnis der lieferbaren Titel schicken wir Ihnen
gerne zu. Bitte senden Sie eine E-Mail mit Ihrer Adresse an:
vertrieb@koehler-books.de

Sie finden uns auch im Internet unter:
www.koehler-books.de

**Bibliografische Information der Deutschen Nationalbibliothek**
Die Deutsche Nationalbibliothek verzeichnet diese Publikation
in der Deutschen Nationalbibliografie; detaillierte bibliografische
Daten sind im Internet über http://dnb.d-nb.de abrufbar.

ISBN 978-3-7822-1279-3
Koehlers Verlagsgesellschaft, Hamburg

Umschlag: Fred Münzmaier
Layout und Produktion: Inge Mellenthin

Printed in Europe

# INHALT

FÜR EVA, KATHARINA
UND MAXIMILIAN

# KREUZFAHRER AUF KREUZFAHRT?
## Eine kleine Kursbestimmung

Wer eine Kreuzfahrt unternimmt, ist automatisch ein Kreuzfahrer. Oder etwa nicht? Zumindest fährt man an Bord eines modernen Kreuzfahrtschiffes nicht mehr auf Kreuzzug wie die Ritter im Hochmittelalter – auch wenn das Verhalten einzelner Touristen mitunter gewisse Ähnlichkeiten aufweisen mag. Immerhin: Schon die Ritter, die seit anno 1096 ins Heilige Land aufbrachen, wählten häufig lieber das Schiff als die beschwerliche Landroute, um so zumindest etwas bequemer nach Jerusalem zu gelangen. Und auch sie bezeichnet man im deutschen Sprachraum als Kreuzfahrer – ohne dass sie freilich mit dem Kreuzfahrtboom unserer Tage irgendetwas gemein haben.

Sie merken es bereits: Wenn es um Schiffsreisen geht, stößt die deutsche Sprache schnell einmal an ihre Grenzen, und es macht sich eine gewisse verbale Unsicherheit breit. Deutschland ist – hanseatische Tradition hin oder her – eben keine genuine Seefahrtnation wie beispielsweise Großbritannien. Das kann sich mit Fug und Recht als Mutterland der modernen Seereise fühlen – auch wenn ausgerechnet die Luxuskreuzfahrt wiederum, o my goodness, nachweislich von einem Deutschen erfunden wurde. Doch dazu später mehr.

Im angelsächsischen Raum jedenfalls gibt es seit jeher die sprachliche Trennung zwischen Kreuzzug (Crusade) und Kreuzrittern (Crusaders) einerseits und eben der Kreuzfahrt (Cruise) andererseits. Letztgenannte mit ihren vielen verschiedenen Reisezielen leitet sich vom nautischen Begriff des Kreuzens, also des Zickzacksegelns gegen den Wind, her. Auch ein mittelgroßes Kriegsschiff mit weitem Aktionsradius, der Kreuzer (Cruiser), hat daher seinen Namen. Doch mit Segeln und Wind hat die moderne Kreuzfahrt längst nicht mehr viel zu tun, sieht man einmal von den äußerst exklusiven Segelschiffreisen ab. Denn erst die Erfindung des Dampfschiffes im frühen 19. Jahrhundert machte es überhaupt erst zuverlässig möglich, Städte und Kontinente mit fahrplanmäßigen Routen zu verbinden oder gar zum Vergnügen übers Meer zu schippern.

Bis dahin fuhren die Segelschiffe in der Regel erst dann los, wenn sie genügend Ladung oder zahlungskräftige Passagiere an Bord hatten. Und die Ankunftszeit bestimmte nicht der Kapitän, sondern das Wetter. Im hölzernen Segelschiff konnten bei ungünstigen Wind- und Wetterverhältnissen aus geplanten sechs Wochen an Bord jedenfalls schnell auch mal doppelt so viele werden – für die Passagiere kein Vergnügen mit verdorbenem Trinkwasser und zur Neige gehendem Proviant. Kein Wunder, dass speziell die Reise über den Nordatlantik in der Wintersaison gefürchtet war – und die unweigerlich auftauchenden Eisberge selbst technisch hochmodernen Schiffen aus Stahl wie der legendären TITANIC (1912) zum Verhängnis werden konnte.

Apropos Passagiere: Auf unsere heutige Generation trifft dieser Begriff im Grunde nicht mehr zu. Denn wer sich zum Vergnügen aufs Kreuzfahrtschiff begibt (und das tun in Deutschland mittlerweile jedes Jahr rund zwei Millionen Menschen),

bucht in der Regel keine Passage von A nach B (vom Spezial-
fall der sogenannten Transreisen einmal abgesehen, aber auch
davon später mehr), sondern eine Rundfahrt zu möglichst vielen
touristisch attraktiven Zielen. Also eben eine Kreuzfahrt, die
meist im Hafen A beginnt und nach erfolgreicher Rundreise
dort auch wieder endet. Insofern ist der heutige Passagier streng
genommen kein solcher mehr (auch wenn die Besatzung intern
weiterhin gern von Passagieren, kurz PAXen, redet), sondern
eher ein Gast oder Kreuzfahrttourist, der die Annehmlichkeiten
eines Kreuzfahrtschiffes (englisch: Cruise Ship) genießen will.
Folglich gibt es an Bord heute auch einen »Hotelmanager«
(auf Schiffen gern abgekürzt als »Hot Man«) wie in jedem
besseren Vier- oder Fünf-Sterne-Hotel dieser Welt. Und natürlich eine möglichst elegante Rezeption, die schon lange das
muffige Zahlmeisterbüro früherer Tage ersetzt hat. Und auch
die Klassifizierung der Kreuzfahrtschiffe nach Sternen folgt
heute dem Hotelvorbild. Spezialisierte Kreuzfahrttester wie der
bereits legendäre Douglas Ward sorgen dabei regelmäßig dafür,
dass das Verhältnis von Standards und Sternen gewahrt bleibt.

Noch ein paar andere nautische Begriffe sollten hier
für den Anfang erklärt werden: Der Kreuzfahrtgast kommt
selbstverständlich nicht in einem Zimmer unter, sondern in
einer Kabine. Wer also im Bordrestaurant lauthals verkündet, er
müsse mal »kurz aufs Zimmer«, outet sich schnell als ahnungs-
lose Landratte. Besser haben es hier allenfalls die Bewohner
einer Suite, denn die heißt genauso wie an Land, ist aber meist
merklich kleiner. Doch egal ob Kabine oder Suite, sie befinden
sich in einem Schiff keinesfalls auf einem Stockwerk, sondern
stets auf einem Deck (auch dieser Begriff stammt aus früheren
Tagen, als man anfing, die ursprünglich offenen hölzernen
Boote abzudecken, um so einen halbwegs wettergeschützten

Laderaum im Schiffsbauch zu gewinnen). Dieser Umstand führt noch heute gelegentlich zu einer babylonischen Sprachverwirrung unter den Passagieren, pardon Gästen. Der Ausruf »Wir treffen uns gleich zwei Stockwerke höher an der Bar!« ist also ebenfalls ein verbales No-Go.

Neben dem Kapitän und dem Hotelmanager soll an dieser Stelle noch eine dritte wichtige Persönlichkeit an Bord nicht unerwähnt bleiben: der Kreuzfahrtdirektor (englisch: Cruise Director). Er ist für die gesamte Bordunterhaltung verantwortlich sowie für die Organisation der Landausflüge. Meist ist er auch Gesicht und Stimme der Reederei, führt ebenso durch bunte Showabende wie durch die übliche Fragestunde mit dem Kapitän und den nautischen Offizieren und darf meist auch zu bestimmten Uhrzeiten per Lautsprecher die Bordnews (Standort, Wetter, aktuelles Tagesprogramm) durchsagen.

Noch ein Letztes sei ein dieser Stelle geklärt: Ein modernes Kreuzfahrtschiff ist vieles, aber unter keinen Umständen ein »Liner«, also ein Linienschiff. Und daher erst recht kein »Luxusliner«, auch wenn dieser Begriff wegen seiner schönen Alliteration in vielen Veröffentlichungen nach wie vor gern verwendet wird. Deshalb sei hier festgehalten: »Liner« oder »Oceanliner« (eingedeutscht: Ozeanliner) darf sich im Prinzip nur ein Schiff nennen, das tatsächlich im Linienverkehr auf dem Ozean unterwegs ist. Das aber ist heute praktisch kein Passagierschiff mehr, sieht man einmal von Cunards QUEEN MARY 2 ab, die tatsächlich jeden Sommer einen nostalgisch angehauchten Pendelverkehr zwischen Europa und Nordamerika aufnimmt. Auch berühmte Schiffe vergangener Tage wie die BREMEN (1929), die NORMANDIE (1935) oder die QUEEN MARY (1936), die jahrein, jahraus streng nach Fahrplan über den Nordatlantik preschten und sich dabei einen Wettstreit um die schnellste Überfahrt und damit um den Gewinn des »Blauen Bandes« lieferten, dürfen ebenso mit Fug und Recht als »Liner« bezeichnet werden. Aber auch mit nichts anderem. Dass beispielsweise die schon erwähnte TITANIC, ebenfalls ein reiner Oceanliner, heute mitunter gern als »Kreuzfahrtschiff« bezeichnet wird, ist ein mindestens ebenso großer Fauxpas. Denn auf Kreuzfahrt gehen wollte gewiss keiner ihrer Passagiere (hier trifft das Wort einmal zu), sondern möglichst schnell und sicher nach New York gelangen. Der Rest ist Geschichte.

Wer es sich leisten konnte, wählte bei der Transatlantikpassage selbstverständlich die Erste Klasse. Auch sie wird immer wieder gern im Zusammenhang mit »Luxuslinern« erwähnt, ist aber ein Relikt vergangener Tage, als Seereisen eine Notwendigkeit und kein Freizeitvergnügen waren. Schiffe waren bis zur Mitte des 20. Jahrhunderts fast ausschließlich Massentransportmittel – so wie heute die Bahn oder das Flugzeug, wo man je nach Geldbeutel ebenfalls noch in Erster oder Zweiter, First oder Business (oder eben in der Economy, der »Holzklasse«) unterwegs ist. Die Klassentrennung an Bord wurde dabei strikt beachtet – wer es etwa wagte, einmal verbotenerweise in eine höhere Klasse vorzudringen, wurde in der Regel von aufmerksamen Stewards schnell wieder zurückgejagt.

Anders hingegen auf Kreuzfahrten. Sie waren von Beginn an (mehr dazu im folgenden Kapitel) »klassenlos« – und orientierten sich dabei stets an der obersten, also der Ersten Klasse. Anderes war und ist für eine Kreuzfahrt, die sich teilweise über Wochen erstreckt und in erster Linie der Erholung im Urlaub (und möglicherweise auch der ebenso erhol- wie unterhaltsamen Bildung, Stichwort »Edutainment«) dient, nicht vorstellbar. Dieses Prinzip gilt im Grunde seit der Erfindung der Kreuzfahrt vor mehr als 125 Jahren: Wer gutes Geld für die schönsten Wochen des Jahres ausgibt, erwartet zu Recht Luxus auf See – und nicht etwa karge Dritte-Klasse-Kabinen mit Doppelstockbetten und fließend kaltem Wasser im Klappwaschbecken. Im Gegenteil: Die Architekten moderner Kreuzfahrtschiffe überbieten sich in der letzten Zeit geradezu mit immer neuen Einfällen, um das verwöhnte Publikum bei Laune zu halten. Balkonkabinen sind längst ein Muss; Megapools mit künstlichen Surfwellen gehören mittlerweile ebenso zum Repertoire wie Kletterfelsen am Schornstein, offene Atrium-Theater mit Meeresblick am Heck, riesige Shoppingmalls, Spa-Welten oder bordeigene Hausbrauereien. Bei etlichen Reedereien ist das Schiff längst selbst zur eigentlichen Reiseattraktion geworden, der Weg das Ziel.

Ob dies die mittelalterlichen Kreuzfahrer auf ihren kleinen hölzernen Schiffen wohl jemals geahnt haben mögen?

# VON AUGUSTA BIS AIDA
## Die Geschichte der Seereise

Es ist eine feine und elitäre Reisegesellschaft, die sich am 22. Januar 1891 bei klirrender Kälte in Cuxhaven an Bord des Transatlantikliners AUGUSTA VICTORIA einfindet: Adel und Geldadel, Gutsbesitzer und Fabrikanten, hohe Beamte und reiche Privatiers, teils mit Familie und einige sogar mit persönlicher Dienerschaft. 241 Gäste – darunter auch 67 zumeist ältere Damen – haben sich auf das Premierenabenteuer eingelassen, für das man neben viel Geld auch viel Zeit mitbringen muss. Zwei Monate lang werden sie unterwegs sein, um dem winterlich-kalten Mitteleuropa zu entfliehen und ein neues und ganz besonderes Seereise-Abenteuer zu erleben: die erste moderne Kreuzfahrt.

Die damals als »Exkursion« oder »Vergnügungsreise« angepriesene Luxuskreuzfahrt ist in der Tat ein exklusives Vergnügen, eine Antithese zum bisherigen Reisestil. Zwischen 1.600 und 2.400 Goldmark pro Person (heute etwa 28.500 bis 42.800 Euro) kostet die Reise je nach Kabinengröße und -lage; das ist seinerzeit etwa der zwei- bis dreifache Jahresverdienst eines Arbeiters. In den Jahrhunderten zuvor hatte man es sich überhaupt nicht vorstellen können, rein zum Vergnügen zur

See zu fahren. Die hölzernen Schiffe mit ihren engen Kojen und ihrer schlechten Verpflegung galten als schwimmende Gefängnisse – die zu allem Übel noch die drohende Gefahr des Ertrinkens boten. Wer irgendwie konnte, reiste lieber über Land, statt sich Wind und Wellen auszuliefern. Das galt erst recht für Bildungs- oder Vergnügungsreisende, die auf Komfort und gutes Essen Wert legten.

1891 ändert sich das: Die reiselustigen Premierengäste im wintergrauen Cuxhaven erwartet statt einer rauen Atlantiküberquerung erstmals eine luxuriöse Reise in den sonnigen Süden, Pyramidenbesuch und Orientzauber inklusive. Die AUGUSTA VICTORIA, das erst zwei Jahre alte Flaggschiff der Hamburg-Amerika-Linie (Hapag) soll durchs Mittelmeer kreuzen, touristisch interessante Ziele ansteuern und dort jeweils lange genug vor Anker gehen, um auch mehrtägige Landausflüge zu ermöglichen. Mit 7.700 Bruttoregistertonnen ist der 145 Meter lange Zweischraubendampfer mit den drei markanten Schornsteinen ein Schiff der Superlative, der Gipfel des seinerzeit technisch Machbaren: Die AUGUSTA VICTORIA – benannt nach der Ehefrau von Kaiser Wilhelm II. – ist bei ihrer Indienststellung 1889 das größte Schiff auf dem Nordatlantik und damit auch das bisher größte Passagierschiff, das den Felsen von Gibraltar passiert. Als besonderer Clou ist eine Bordkapelle mit von der Partie, die zur Unterhaltung der Gäste aufspielt. Zudem erhalten die Reisenden regelmäßig eine Bordzeitung, zum ersten Mal überhaupt auf einem Schiff. Bei so vielen Rekorden stört es kaum, dass der Schiffsname nicht ganz korrekt ist, denn die Kaiserin heißt in Wirklichkeit Auguste Victoria. Der Fauxpas wird erst einige Jahre später anlässlich einer Generalüberholung des Schiffes stillschweigend korrigiert.

Die Reiseroute kann sich sehen lassen: Alexandria, Jaffa,
Beirut, Konstantinopel, Piräus, Palermo und Neapel heißen
1891 die wichtigsten Häfen, in denen jeweils ein mehrtägiges
Landausflugsprogramm des renommierten englischen Reisever-
anstalters Thomas Cook angeboten wird, natürlich inklusive
Pyramidenbesuch in Kairo und Jerusalem-Besichtigung. Auch
Damaskus, Athen und Rom stehen auf dem Reiseplan. Erster
Halt ist in Southampton, wo etliche britische Fahrgäste zustei-
gen, darunter viele der schon erwähnten reiselustigen älteren
Ladys. Den historischen Augenblick dieser ersten Kreuzfahrt
erfasst womöglich auch Kaiser Wilhelm II., der kurz vor dem
Auslaufen in Cuxhaven das Schiff besichtigt und den Anwe-
senden eine gute Reise wünscht.

Gastgeber und zugleich prominentester Fahrgast ist Albert
Ballin (1857–1918), das mit 33 Jahren jüngste Vorstandsmit-
glied der Hapag. Der ebenso energische wie einfallsreiche Ballin

macht die Hapag in den folgenden Jahren zur wichtigsten Schiff-fahrtslinie ihrer Zeit. Als Hapag-Generaldirektor wird er später ein geschätzter Berater Wilhelms in maritimen und handelspo-litischen Fragen, was ihm den inoffiziellen Ehrentitel »Reeder des Kaisers« einträgt. Und auch diese neue, innovative Form der Seereise geht auf das Konto des ehrgeizigen Reedereimana-gers. Denn in den stürmischen Wintermonaten ist der Fahrplan

**EIN ILLUSTRES VERGNÜGEN**

Die Kreuzfahrt der „Augusta Victoria" war die erste All-Inclusive-Pauschalreise.

**SCHIFFSKLASSEN**
Es gab nur einen
First-Class Service.

**KOSTENPUNKT**
1.600-2.400 Goldmark,
umgerechnet:
28.500-42.800 Euro
Zum Vergleich:
Das entsprach
dem zwei- bis dreifachen
Jahreseinkommen
eines Arbeiterhaushalts.

**UNTERHALTUNG**

Musik    Deckspiele    festliche    abenteuerliche
                     Diners    Ausflüge an Land

**DIE ERSTE BORDZEITUNG DER WELT**

Mit an Bord waren auch Journalisten und Christian Wilhelm Allers, einer der bedeutendsten deutschen Reportagezeichner. Mit seiner Hilfe wurde eine weitere Neuheit geschaffen: die Bordzeitung.

# 125 JAHRE KREUZFAHR
## BEGINN EINER ÄRA

**2 & 14**
Southampton

**13**
Lissabon

**3**
Gibraltar

**DAS SCHIFF**

241 Passagiere             245 Crew

28 % Frauen   72 % Männer

auf dem Nordatlantik mangels Nachfrage ausgedünnt. Viele Oceanliner, so auch die AUGUSTA VICTORIA, bleiben dann für längere Zeit im Hafen, verursachen aber weiter laufende Kosten.

Daher kommt Ballin auf die Idee, sein unbeschäftigtes Flaggschiff für eine finanziell lukrative Reise in den Süden einzusetzen, natürlich nur First Class. Dritte-Klasse-Kabinen bleiben auf einer solchen Luxusreise selbstverständlich unbelegt. Seine Vorstandskollegen sind zunächst skeptisch, doch Ballin setzt sich durch – und behält recht. Als Premierenziel wählt er dabei psychologisch geschickt das Mittelmeer, noch heute der Sehnsuchtsort vieler Reisenden. Seit dem 18. Jahrhundert ist es das Ziel jeder klassischen Bildungsreise, der Grand Tour. Hinzu kommt die wachsende Orientbegeisterung des 19. Jahrhunderts. Das touristische Pflichtprogramm zu den Stätten der Antike und des Orients absolviert also auch die moderne Variante per Schiff und Landausflug.

Die Gäste der AUGUSTA VICTORIA erleben bis zum Anlegen in Cuxhaven am 21. März 1891 eine 57-tägige Rundreise der Superlative, die von mitgereisten Malern und Journalisten ganz in Ballins

17

Sinne in das beste PR-Licht gerückt wird. Doch auch ohne werbewirksame Unterstützung ist Ballins Idee ein Volltreffer: Andere Reedereien ziehen bald nach und bieten nun ebenfalls »Vergnügungsreisen« auf ungenutzten Linern an – allen voran die englischen Linien Cunard und P&O. Als dritte »Kreuzfahrtnation« geht schließlich Österreich-Ungarn ins Rennen. Die riesige Habsburgermonarchie mit ihren Ländern an der Adriaküste ist seinerzeit eine veritable Seefahrtnation, und bis heute finden sich – Zufall oder nicht – überdurchschnittlich viele Österreicher als Personal auf Kreuzfahrtschiffen. Auch weitere Nationen bieten bald Kreuzfahrten an, vor allem in den USA gewinnen Seereisen schnell an Popularität. Aus der genialen Idee wird ein großes Geschäft.

Natürlich gab es schon erste zaghafte Versuche vor Ballin – so schipperte beispielsweise der amerikanische Schriftsteller Mark Twain bereits 1867 als Teilnehmer einer amerikanischen Reisegesellschaft im gecharterten Raddampfer von New York bis ins Mittelmeer. Doch mit dem unvergleichlichen Komfort der AUGUSTA VICTORIA kann Ballin zu Recht den Ruhm als »Kreuzfahrt-Erfinder« für sich beanspruchen. Vor schlechtem Wetter kann allerdings auch der clevere Reeder seine Passagiere nicht bewahren: In der kabbeligen Biskaya werden auf der Premierenfahrt die meisten Reisenden seekrank, selbst die omnipräsente Bordkapelle verstummt. Zur Entschädigung lässt Ballin am nächsten Tag frische Austern servieren, es gibt Kaviarbrötchen satt, und der Champagner fließt in Strömen. Das schlechte Wetter ist daraufhin schnell vergessen.

Schon bald ist das Mittelmeer nicht mehr das einzige Reiseziel: Das wilhelminische Publikum beispielsweise erliegt schnell der Schönheit der norwegischen Fjorde. Hier ist Seine Majestät höchstselbst der Trendsetter, denn der rastlose »Reisekaiser« ist ständig unterwegs. Seine jährlichen »Nordlandreisen«, die er seit 1889 jeden Sommer auf der Staatsyacht HOHENZOLLERN unternimmt, werden von seinen Untertanen gern nachgeahmt. Bereits im Sommer 1894 unternimmt daher die AUGUSTA VICTORIA ihre erste Reise in den hohen Norden, die sie sogar bis hinauf nach Spitzbergen führt. Ab 1896 nimmt die Hapag dann von New York aus auch die Westindischen Inseln ins Programm – es ist der Beginn der beliebten Karibik-Kreuzfahrten, die nicht nur in den USA große Popularität erlangen.

Und Albert Ballin, der unermüdliche Neuerer, arbeitet bereits an einem neuen Coup: Im Jahr 1900 stellt er den ersten

*PRINZESSIN VICTORIA LUISE*

rein als Kreuzfahrtschiff konstruierten Passagierdampfer in Dienst. Die Prinzessin Victoria Luise, benannt nach der einzigen Tochter des Kaisers, hat mit ihrem langen Bugspriet und eleganten Klipperbug, den hohen Masten und den zwei schlanken Schornsteinen die Anmutung einer exklusiven Privatyacht. Mit 122 Metern Länge und 4.400 Bruttoregistertonnen bietet sie Platz für knapp 200 Fahrgäste – natürlich nur in der Ersten Klasse. Auch hier setzt Ballin Trends: Bis heute sind komfortable Kabinen, bestes Essen und exquisiter Service zentrale Elemente jeder Kreuzfahrt. Aufgrund des großen Erfolgs erhält die Prinzessin Victoria Luise wenig später ein etwas kleineres Schwesterschiff, die Meteor. Der Schriftsteller Johann Kinau alias Gorch Fock genießt 1913 auf ihr eine Freipassage in die norwegischen Fjorde.

Der Erste Weltkrieg beendet das fröhliche Kreuzfahrtleben jäh; auch Kaiser Wilhelm II. unterbricht in der »Julikrise« 1914 seinen sommerlichen Norwegen-Aufenthalt. In den folgenden vier Jahren liegen die meisten Passagierschiffe nutz- und bewegungslos im Hafen, wenn sie nicht gar als Minenleger oder Hilfskreuzer zweckentfremdet werden. Nach Kriegsende muss Deutschland die meisten verbliebenen Dampfer als Reparationsleistung an die Alliierten abliefern. Erst Mitte der 1920er-Jahre erholen sich die deutschen Reedereien allmählich von diesem erzwungenen Aderlass. In dieser Zeit dominieren daher vor allem britische, französische und amerikanische Reedereien den weltweiten Passagierschiffmarkt. Erneut nimmt die Cunard Line eine Vorreiterrolle ein und schickt 1922/23 ihre brandneue, eigens dafür von American Express (ursprünglich eine Transportgesellschaft) gecharterte Laconia auf Weltreise – rein zum Vergnügen ihrer zahlungskräftigen

Reisenden, was ihr rasch den Spitznamen »Schiff der Millionäre« einbringt. Alle Passagiere reisen auch hier First Class, und dies trägt ebenfalls zum exklusiven Reiz dieser besonderen Form der Kreuzfahrt bei. Die anderen Kabinen des Schiffes, das im Grunde ein umfunktionierter Liner ist, bleiben unbelegt.

Es ist ein bisher nie dagewesenes Unterfangen, ein gigantischer Sprung nach vorn, ein neuer Superlativ in der Tourismusgeschichte. Zwar konnte man schon Jahrzehnte zuvor die Welt relativ komfortabel umrunden, wie dies der britische Gentleman Phileas Fogg in Jules Vernes Roman »Reise um die Erde in 80 Tagen« bravourös demonstriert hatte. Aber eine Erdumrundung in einem einzigen Schiff, ohne Umsteigen und ohne lästige Zwischenetappen mit der Eisenbahn oder gar auf dem Elefantenrücken – das hatte es noch nie gegeben. Gewiss, auch Albert Ballin hatte eine solche Fahrt bereits für 1915 mit gleich zwei Schiffen geplant, doch ihm kam der Erste Weltkrieg

*RMS LACONIA*

dazwischen. Bereits 1909/10 hatte der Hapag-Dampfer CLEVE-LAND vor allem mit einem US-amerikanischen Publikum weite Teile der Erde bereist – aber eben die Weltumrundung nicht komplettiert. Das schafft erst die LACONIA, auch wenn sie mit 130 Tagen deutlich länger braucht als ein halbes Jahrhundert zuvor Phileas Fogg in seiner Romanreise. Dafür sind allein 50 Tage der Reise für Landausflüge eingeplant: Von New York geht es über Havanna und den Panamakanal nach San Francisco. Über Hawaii wird Japan angesteuert, dann nimmt das Schiff Kurs auf Korea. Weitere Stationen sind Shanghai, Hongkong, Manila, Java, Singapur und Birma sowie Indien. Über den Suezkanal erreicht die LACONIA schließlich das Mittelmeer, wo einige Reisende in Ägypten sogar die Ausgrabungen am gerade entdeckten Grab Tutanchamuns bewundern können. Über Gibraltar geht es weiter in Richtung Atlantik und schließlich wieder nach New York. Die Weltumrundung ist geschafft!

Das Beispiel beeindruckt – und färbt wie schon Albert Ballins Premierenfahrt 1891 auf andere Reedereien ab. Luxusfernreisen auf Spitzenschiffen werden populär. Manch umfunktionierter Liner fährt fortan in den notorisch schwachen Wintermonaten zu attraktiven sonnenverwöhnten Zielen und spült damit dringend benötigtes Geld in die Kassen seiner Gesellschaft. Selbst berühmte Nordatlantikliner der 1930er-Jahre wie die französische NORMANDIE oder die deutsche COLUMBUS werden gelegentlich zu Fahrten in den sonnigen Süden beordert – etwa zum Karneval nach Rio, in die Karibik oder zu einer Tour rund um Afrika. Ganze Weltreisen auf einem einzigen Schiff bleiben jedoch die Ausnahme. Selbst ein eleganter Weltenbummler wie der französische Künstler Jean Cocteau muss

Mitte der 1930er-Jahre auf seiner nostalgisch angehauchten Erdumrundung auf Foggs Spuren noch mehrfach Schiff und Reederei wechseln.

Aber das sind Luxusprobleme. Denn etwa zur gleichen Zeit wird die Seereise erstmals auch für die Mittelschicht in Deutschland erschwinglich. Trendsetter ist hierbei die – heute noch als Containerlinie bekannte – Reederei Hamburg Süd, die mit ihren Passagierschiffen die Route nach Südamerika bedient. Während die Reichen und Schönen auf der eleganten CAP ARCONA zwischen Rio und Europa unterwegs sind, übernehmen die deutlich kleineren Schiffe der »Monte«-Klasse das Auswanderergeschäft. Allerdings nur im Winterhalbjahr – also dann, wenn auf der Südhalbkugel Sommer herrscht. Im europäischen Sommer bleiben die Liner hingegen häufig leer. Die Hamburger Reederei kommt daher auf einen naheliegenden Gedanken, so wie schon dreieinhalb Jahrzehnte zuvor der visionäre Albert Ballin: Fortan bieten die dieselgetriebenen Motorschiffe, die standardmäßig nur die Zweite bzw. Dritte Klasse besitzen, kostengünstige Kreuzfahrten für das geneigte Publikum an.

Auch Hans Eichner, der Großvater des Autors, kann als junger Bankangestellter einem solchen Angebot nicht widerstehen. Gleich zweimal schifft er sich Ende der 1920er-Jahre auf der MONTE SARMIENTO ein (Vierbettkabine mit fließendem Wasser, Toilette und Bad auf dem Gang): Im Juni 1927 reist er von Hamburg aus in die norwegischen Fjorde, im darauffolgenden Sommer bucht er eine Fahrt durch das westliche Mittelmeer bis nach Hamburg: Start ist in Genua, von dort aus geht es über Monaco, Villefranche, Nizza, Palma de Mallorca, Barcelona

![MONTE SARMIENTO in Hamburg]

*MONTE SARMIENTO in Hamburg*

und Algier durch die Straße von Gibraltar und anschließend über Cadiz, Lissabon und Vigo in Richtung Hamburg – an interessanten Reisezielen wird dem Publikum bei bestem Wetter wahrhaft einiges geboten. Zwar gibt es zum Abendessen lediglich Tee, Zwiebelfleisch und

*Hans Eichner an Deck*

24

Brote mit Aufschnitt und Käse, doch immerhin ruft ein Musiker mit schmetterndem Trompetensignal die Reisenden in den Speisesaal. Und spätabends gönnt man sich gern noch im »Bierrestaurant« ein Glas Helles oder genießt an Deck die Fahrt durch die sternenklare Nacht.

Den Wert des maritimen Massentourismus erkennen auch die Nazis, die 1933 in Deutschland an die Macht kommen. Ihre »Deutsche Arbeitsfront« (DAF), regimetreue Nachfolgeorganisation der zerschlagenen Gewerkschaften, bietet mit ihrer Tochterorganisation »Kraft durch Freude« (KdF) bezahlbare Reisen für treue »Volksgenossen« an. Das Programm reicht von Omnibusfahrten in den Harz bis hin zu Dampferreisen auf dem Rhein. In Prora an Rügens Ostküste entsteht sogar ein gigantischer Ferienkomplex für mehr als 10.000 Badegäste, doch das »KdF-Seebad« wird wegen des Kriegsausbruchs 1939

*WILHELM GUSTLOFF*

nicht mehr fertiggestellt. Auch auf See will das Reich seinen Bürgern Erholung bieten. Sind es zunächst gecharterte Dampfer, die Kreuzfahrten für kleines Geld bieten, entstehen Ende der 1930er-Jahre zwei Neubauten: die WILHELM GUSTLOFF und ihr Schwesterschiff ROBERT LEY, benannt nach dem Leiter der »Deutschen Arbeitsfront«. Die schneeweißen Giganten mit dem riesigen Hakenkreuz im KdF-Logo am Schornstein werden die Traumschiffe des Dritten Reiches.

Der erschwingliche Aufenthalt an Bord ist freilich auf andere Weise teuer bezahlt: Es beginnt damit, dass die Schiffe mitunter nicht in ausländischen Häfen anlegen dürfen, damit die Reisenden dort keine Devisen ausgeben. Die »Volksgenossen« können folglich etliche Traumziele, beispielsweise die norwegischen Fjorde, nur von der Reling aus bewundern. Auch Privatsphäre und Individualismus sind weitgehend unerwünscht, Vierbettkabinen mit Doppelstockbetten Standard. Sportliche Wettkämpfe an Deck dienen der körperlichen Ertüchtigung, Vorträge – beispielsweise über die deutschen Kolonien – der politischen Schulung ganz im Sinne des Regimes. Das Ferienvergnügen auf See gleicht mitunter einem streng reglementierten Kasernenalltag: Auf das Wecken 6.20 Uhr schließt sich bereits um 6.30 Uhr der Frühsport an. Auch das abendliche »Kostüm- und Kappenfest in allen Räumen« ist zeitlich begrenzt, denn um 0.30 Uhr ist Barschluss, und um 1 Uhr heißt es rigoros »Ruhe im Schiff«. Anfang 1945 wird die GUSTLOFF als Flüchtlingsschiff vor der pommerschen Küste versenkt, vermutlich verlieren dabei mehr als 9.000 Menschen ihr Leben. Es ist die schlimmste einzelne Schiffskatastrophe in der Geschichte der Seefahrt – mit weitaus mehr Opfern als beispielsweise beim Untergang der TITANIC.

Nach dem Zweiten Weltkrieg gibt es endlich wieder einen Lichtblick. 1946 nimmt Cunards gigantischer Oceanliner QUEEN ELIZABETH mit kriegsbedingter sechsjähriger Verspätung den Transatlantikdienst auf, und bereits zwei Jahre darauf bringt die Reederei ein Kreuzfahrtschiff der Superlative in Fahrt: die CARONIA, 218 Meter lang, 34.000 Tonnen groß, mit Platz für mehr als 900 Gäste. Ihre Innenausstattung ist luxuriös, die Wände sind kunstvoll mit Edelhölzern belegt, die Bodenbeläge zwar aus Linoleum – aber in geschmackvollen Farben und Musterkombinationen. Auch äußerlich setzt das Schiff Zeichen: Der Rumpf ist – im Kontrast zu den üblicherweise schwarzen Linern – in verschiedenen hellen Grüntönen gehalten und unterstreicht so schon optisch die herausgehobene Rolle. Schnell erhält die CARONIA daher den Spitznamen GREEN GODDESS – Grüne Göttin. Zwar wird auch die Göttin zunächst überwiegend im Nordatlantikverkehr eingesetzt, doch ihre

*RMS CARONIA*

Hauptaufgabe sind luxuriöse Kreuzfahrten für ein internationales (vor allem US-amerikanisches) Publikum. Bordwährung ist folglich der US-Dollar. Die ersten Reisen führen sie in die Karibik, ab 1951 bietet Cunard dann auch wieder jährliche Weltreisen an.

Auch die Caronia hat zwei Klassen – die Erste Klasse und die Touristenklasse. Doch bei Kreuzfahrten ist diese Trennung aufgehoben, allen Fahrgästen stehen sämtliche öffentlichen Räume des Schiffes zur Verfügung. Andere Schiffe bieten ebenfalls schon bald nach diesem Modell Kreuzfahrten an. Denn in den 1950er-Jahren beginnt das, was man später das »große Linersterben« nennt, der Schwanengesang einer Ära. Der Fernreiseverkehr verlagert sich zunehmend vom Schiff aufs Flugzeug, das deutlich schneller ist und immer günstigere Preise bietet. Schon bald reisen mehr Passagiere mit dem Flugzeug als mit dem Schiff über den Atlantik, und mit jedem Jahr verschiebt sich das Kräfteverhältnis weiter. Der Liniendienst auf dem Nordatlantik wird unrentabel. Teilweise werden die Liner zwar für Kreuzfahrten umgewidmet – doch ein Schiff mit zwei (oder drei) Klassen und entsprechenden Unterschieden im Komfort lässt sich eben nicht beliebig in ein Kreuzfahrtschiff verwandeln.

Nach und nach ziehen sich die verbliebenen Reedereien komplett aus dem Nordatlantikgeschäft zurück; der Norddeutsche Lloyd mit seinem Flaggschiff Bremen ebenso wie die Compagnie Générale Transatlantique mit ihrer legendären France oder die Italian Line mit ihren eleganten weißen Schwesterschiffen Michelangelo und Raffaello. Seit Mitte der 1970er-Jahre hält nur noch Cunard mit ihrer neuen Queen

*QUEEN ELIZABETH 2*

ELIZABETH 2 den Liniendienst aufrecht – allerdings auch nur in den Sommermonaten. Und selbst sie ist bereits von Anfang an als variabel einsetzbarer »Dual Purpose Liner« gebaut – was vermutlich mit zu ihrer legendären, mehr als dreieinhalb Jahrzehnte währenden Karriere auf See beigetragen hat. Mit rund 67.000 Bruttoregistertonnen ist die QUEEN gerade noch klein genug, um durch den Panamakanal fahren zu können, und sie kann damit sowohl standesgemäße Atlantiküberquerungen (zunächst noch in zwei getrennten Klassen) als auch Kreuzfahrten und ganze Weltreisen (dann in einer Klasse) anbieten.

Apropos Klasse: Auch in der angeblich klassenlosen Gesellschaft der sozialistischen Länder erfreut sich die Kreuzfahrt schon bald großer Beliebtheit. 1960 kauft die DDR den ehemaligen schwedischen Liner STOCKHOLM (der 1956 mit der ANDREA DORIA kollidiert war und diese zum Sinken gebracht hatte) und wandelt ihn in das Urlauberschiff VÖLKERFREUND-SCHAFT um. Bereits zwei Jahre später macht das DDR-Traum-schiff erneut Schlagzeilen – als sie mitten in der Kuba-Krise den befreundeten kommunistischen Karibikstaat anläuft und dabei den Blockadering der U.S. Navy durchqueren muss. Die Begegnung mit den Kreuzern des »Klassenfeindes« geht zum Glück glimpflich aus. Weniger bekannt ist freilich ein anderes Kapitel – in etlichen Fällen versuchen DDR-Bürger, die Kreuz-fahrt zur Republikflucht zu nutzen. Die Sicherheitsvorkehrun-gen an Bord werden daher immer strenger, und Politoffiziere und Stasi-Mitarbeiter versuchen jeglichen Fluchtversuch schon im Vorfeld zu vereiteln. Schon bald dürfen die DDR-Kreuz-fahrtschiffe nur noch Häfen in sozialistischen Bruderländern anlaufen. Dennoch erfreuen sich diese Kreuzfahrten bis zum Ende der DDR 1990 großer Beliebtheit – mit Wartezeiten von häufig mehreren Jahren.

Zur Flotte des Freien Deutschen Gewerkschaftsbundes (FDGB) gehört außerdem noch die FRITZ HECKERT. Leider blieb dieses 1960 in Wismar gebaute Schiff stets hinter den hohen Erwartungen zurück, was sowohl am unzuverlässigen Antrieb als auch an den ungenügenden See-Eigenschaften liegt. Letztere bringen ihr bald den Spitznamen »schwimmende Badewanne« ein. Folglich bleibt die FRITZ HECKERT seit 1972 als Wohnschiff im Rostocker Hafen vertäut. Dafür landet die DDR 1985 einen erneuten Coup: Als Ersatz für die betagte VÖLKERFREUND-SCHAFT sichert sie sich ein veritables Fernseh-Traumschiff aus der Bundesrepublik – die erst 1980 gebaute ASTOR. Sie kommt als ARCONA für die DDR in Fahrt. Doch statt Arbeitern und

Bauern fahren immer öfter auch Touristen aus der Bundes-republik auf dem neuen sozialistischen Vorzeigeschiff. Denn nur mit zahlenden Gästen aus dem »nichtsozialistischen Wirt-schaftsraum« ist es der DDR möglich, die dringend benötigten Devisen für den Betrieb aufzubringen. Immerhin: Die Deutsche Seereederei in Rostock ist es auch. die 1996 nach ihrer Privati-sierung die erste AIDA auf den Markt bringt – und damit bald auf eine ganz andere Weise die Kreuzfahrt zum klassenlosen Erlebnis für breite Bevölkerungskreise machen soll.

Denn noch weit bis in die 1990er-Jahre sind Kreuzfahrten eine elitäre und vergleichsweise teure Form der Urlaubsgestal-tung. Auf dem deutschen Markt sind bis dahin beispielsweise Hapag-Lloyd, Transocean, Cunard und die 1972 gegründete Deilmann-Reederei unterwegs, ab Anfang der 1980er-Jahre kommt die SEA CLOUD als luxuriöses Segelschiff hinzu. Wohl kaum eine Fernsehserie repräsentiert das Lebensgefühl jener Jahre besser als »Das Traumschiff«, das für das ZDF ab 1981 zum Straßenfeger mit traumhaften Einschaltquoten wird. Luxus auf See, Kapitänsgala im Hauptrestaurant, viel Herzschmerz und natürlich stets ein Happy End – nacheinander werden die norwegische VISTAFJORD, die ASTOR (die wie erwähnt kurz darauf an die DDR verkauft wird) und schließlich die beiden Deilmann-Schiffe BERLIN und DEUTSCHLAND zum Schauplatz von mehr als 70 »Traumschiff«-Episoden, bevor 2015 die AMADEA von Phoenix-Reisen übernimmt.

Doch schon 1996 beginnt für die Kreuzfahrt in Deutsch-land eine neue Zeitrechnung. Mit der bereits erwähnten ersten AIDA schwappt das amerikanische »Fun Ship«-Konzept end-gültig auch nach Mitteleuropa über. Die Idee eines Clubschiffes kommt im Markt gut an, denn der rote Kussmund am Bug steht für ein völlig neues Konzept der Seereise: Die Schiffe sind eher ein mobiler Ferienclub auf den Wellen, Entertainment statt elitärer Entspannung ist angesagt. Kleiderordnung und Captain's Dinner sind abgeschafft, stattdessen regiert im Buffet-Restaurant die große Freiheit. Das lockt viele an Bord, die zuvor nie eine Kreuzfahrt in Betracht gezogen haben. Die AIDA-Schiffe (seit 2003 gehört die Marke zu Carnival, dem weltweit größten Kreuzfahrtanbieter) werden so nicht nur Marktführer in Deutschland, sondern bahnen auch einer ganzen Branche den Weg. Innerhalb weniger Jahre wird die Kreuzfahrt vom Nischen- zum Massenmarkt. Mittlerweile machen jedes Jahr rund zwei Millionen Deutsche Urlaub auf dem Wasser – mit jährlich steigender Tendenz. Und ein solch wachsender Markt bietet Platz für die unterschiedlichsten Segmente. 2008 geht TUI Cruises an den Start, und das Konzept der dunkelblau gestrichenen »Wohlfühlschiffe« kommt an: Mittlerweile umfasst die »Mein Schiff«-Flotte ein halbes Dutzend Einheiten. Selbst Premiumanbieter Hapag-Lloyd hat mit der EUROPA 2 zwischenzeitlich den Luxus auf See einmal mehr neu definiert – mit »legerem Lifestyle« und dem Slogan »21 Knoten. Und keine Krawatte.« Albert Ballin und seine Premierengäste anno 1891 hätten da ganz gewiss gestaunt.

# WINDJAMMER ODER CLUBSCHIFF?

## Augen auf bei der Schiffswahl

Alt oder neu, groß oder klein, Clubschiff oder Eisbrecher? Gar nicht so einfach, sich für das richtige Schiff zu entscheiden, denn die Auswahl ist (fast) unendlich groß. Und diese Entscheidung ist neben der Wahl der Route die vermutlich wichtigste – denn kein Schiff ist wie das andere. Selbst nahezu baugleiche Schiffe haben im Inneren oft eine ganz unterschiedliche Raumgestaltung und natürlich jeweils eine andere Besatzung sowie andere (Stamm-)Gäste. Vorteilhaft ist es, wenn die Beraterin oder der Berater im Reisebüro den Geschmack seiner Kunden sehr gut kennt und daher entsprechende Empfehlungen abgeben kann – idealerweise sogar aus eigener Borderfahrung.

Doch wie behält man im dichten Schiffsdschungel überhaupt erst einmal den Überblick? Hier bieten sich als erstes Hilfsmittel gedruckte Kreuzfahrtführer an, zum Beispiel der »Berlitz Cruise Guide« oder »Koehlers Guide Kreuzfahrt«, der jährlich in aktualisierter Auflage erscheint. Diese Publikationen stellen Schiffe und ihre jeweiligen Besonderheiten vor und bewerten das aktuelle Angebot, in der Regel mit Schulnoten.

Die offizielle Klassifizierung der Schiffe selbst erfolgt in der Regel nach dem Sterneprinzip wie bei Hotels, an der Spitze beginnend mit »Fünf Sterne Plus« und dann über »Fünf Sterne«, »Vier Sterne Plus« usw. nach unten. Analog zu diesen Kategorisierungen verhält sich in der Regel auch der Reisepreis. Pro Kreuzfahrttag in der Fünf-Sterne-Plus-Kategorie kann man gut und gern mit 500 Euro aufwärts kalkulieren, natürlich pro Person in der Doppelkabine. Wer eine Einzelkabine wünscht oder allein eine Doppelkabine bezieht, zahlt in der Regel einen kräftigen Aufschlag. Doch keine Regel ohne Ausnahme: Mitunter bieten die Reedereien auf ausgewählten Reisen spezielle Tarife für Einzelreisende an, und dann entfällt der Zuschlag. Solide Drei- und Vier-Sterne-Schiffe sind in der Regel deutlich günstiger, doch mit einem Minimum von 100 Euro pro Tag und Person sollte man auch hier rechnen.

Gehen wir die Auswahl systematisch an und beginnen bei der Frage »alt oder neu?«. Die Antwort darauf ist bereits ein klassisches »es kommt darauf an«, denn das Alter allein sagt noch nichts über die Qualität eines Schiffes aus. Vielmehr muss das Gesamtpaket aus Erhaltungszustand, Service, kulinarischem Angebot und gewählter Reiseroute betrachtet werden. Hinzu kommen wenig kalkulierbare Faktoren wie Wetter oder Mitpassagiere, die letztlich darüber entscheiden, ob eine Kreuzfahrt angenehm und erfolgreich verläuft oder enttäuschend endet.

Generell gilt: Zwar haben die meisten Schiffe eine geplante Lebenszeit von 20 oder 30 Jahren. Doch das Baujahr eines Schiffes allein sollte kein Auswahlkriterium sein, auch nicht beim Thema Sicherheit (die TITANIC ging bekanntlich bereits auf ihrer Jungfernfahrt unter). Dafür sorgt die regelmäßige »Klasse«, also der Schiffs-TÜV, der die Passagierschiffe regelmäßig unter die Lupe (und den Stahlrumpf unter das Ultraschallgerät) nimmt. Tatsächlich sind auf den Weltmeeren noch so manche Oldtimer unterwegs, beispielsweise die anmutige NORDSTJERNEN (Baujahr 1956), auch wenn diese längst aus dem regulären Hurtigruten-Postschiffdienst entlassen ist. Noch älter ist die AZORES, die offenbar mehr Leben als eine Katze besitzt und in ihren früheren Karrieren schon als STOCKHOLM und als DDR-Urlauberschiff VÖLKERFREUNDSCHAFT über die Weltmeere schipperte. Immer wieder modernisiert, hat auch dieser Oldtimer eine treue Fangemeinde, die Teakdecks und Gemütlichkeit mehr schätzt als die allerneuesten Entertainment-Errungenschaften.

Denn natürlich ist klar, dass alte Schiffe oftmals eher begrenzte Platzkapazitäten haben und nicht den Komfort moderner Neubauten bieten – also zumeist auch keine Balkonkabinen oder ausufernde Wellnessbereiche. Dafür begeistern sie Shiplover aus aller Welt mit einer elegant-klassischen Silhouette und der Gewissheit, ein Stück maritime Geschichte im wahrsten Sinne des Wortes zu »erfahren«. Letztendlich ist es Typsache, für welche Alternative man sich entscheidet. Wirklich schlechte Schiffe gibt es am Markt eigentlich nicht – lediglich passende oder weniger passende.

Damit kommen wir zur Frage der Reederei. Natürlich gibt es langjährige Kreuzfahrtgäste, die seit Jahrzehnten auf »ihren« Anbieter schwören und dort inzwischen jeden Steward beim Vornamen kennen. Doch ansonsten kann ein wenig Experimentierfreude nicht schaden, denn jede Reederei nimmt ihren ganz bestimmten Platz in der Kreuzfahrtwelt ein: Cluburlaub mit AIDA, Wohlfühlen auf der » Mein Schiff«-Flotte, Französisch-Exklusives bei Ponant, Ferien mit Mickey Mouse und Donald Duck bei Disney Cruises oder lieber italienisches Dolce Vita bei Costa? Alles ist möglich, aber eben bei jeweils unterschiedlichen Anbietern.

Mit der Reederei sind natürlich auch Publikum und Bordsprache weitgehend vorgegeben. Auf US-amerikanischen und britischen Schiffen wird – natürlich – Englisch gesprochen, für die häufig anzutreffenden deutschen Gäste (das gilt insbesondere für die britische Cunard Line) gibt es in der Regel zusätzlich eine deutsche Reiseleitung. Auch bei anderen Kreuzfahrtanbietern ist Englisch natürlich stets die Lingua franca, sodass zumindest ein wenig englische Sprachkenntnisse nicht schaden können. Je nach Reederei und Bordsprache ist jeweils meist auch ein entsprechendes Publikum an Bord, auf US-Schiffen also meist Amerikaner und auf englischen Schiffen vor allem Briten, während deutsche Reedereien vornehmlich ein deutsches Publikum bedienen. Wer also nicht als einziger Deutscher unter 2.000 Amerikanern Urlaub machen will (mit riesigem Casinobereich an Bord und ebenso riesigen Portionen beim Essen), zieht besser vorher Erkundigungen über die zu erwartende Klientel ein. Das gilt natürlich auch für den Fall, dass ein Schiff eine Spezialreise für ein ganz bestimmtes Publikum unternimmt. Nicht jeder Erholungssuchende wird auf einer Heavy-Metal-Cruise glücklich.

Kommen wir zur Frage »groß oder klein«. Das ist nicht nur eine Frage des persönlichen Geschmacks. Zwar haben größere Schiffe in der Regel mehr Platz für Entertainment-Möglichkeiten

*Tenderboot der MEIN SCHIFF 3 (links),*
*Ausbooten von der MS DEUTSCHLAND*

als kleinere. Von der Schiffsgröße hängt aber auch ab, welche
Häfen angelaufen werden können. Generell gilt: Kleinere Schiffe
können kleinere Häfen anlaufen, größere Schiffe benötigen
naturgemäß größere Häfen – und die sind oft potthässlich
und liegen mitunter kilometerweit vom eigentlichen Touris-
tenziel entfernt. Soll dennoch ein kleinerer Hafen auf dem
Programm stehen, bleibt als letzter Ausweg nur das Tendern.
Im Kreuzfahrtkatalog findet sich dann neben solchen Häfen
meist ein Ankersymbol mit der klein gedruckten Erklärung
»Tenderhafen« bzw. »auf Reede«. Das bedeutet im Klartext:

*Auf Reede vor Monte Carlo*

Das große Kreuzfahrtschiff muss leider draußen bleiben und dort seinen Anker werfen, wo das Wasser noch tief genug ist.

Meist liegt das gelobte Land dabei schon in Sichtweite. Aber um endlich dorthin zu gelangen, müssen die Kreuzfahrtgäste in kleine Boote – ebenjene Tenderboote – umsteigen. Sie werden von den großen Schiffen in ausreichender Zahl mitgeführt (im Ernstfall dienen sie auch als Rettungsboote) und zu Wasser gelassen. Das ist eine sehenswerte, wenn auch zeitintensive Aktion, die gern gefilmt und fotografiert wird. Ebenso zeitraubend ist dann natürlich leider auch das Ausbooten von 1.000, 2.000 oder mehr Kreuzfahrtgästen. Dieses gleicht einer logistischen Meisterleistung, die nur durch äußerste Disziplin aller Beteiligten funktioniert, dann aber erstaunlich gut. Die Landausflügler werden zu einer exakt definierten Uhrzeit in die Lounge oder ins Theater gebeten, von wo aus sie in Gruppen zum Tenderboot geführt werden. Wehe allen Verspäteten, der Groll ihrer Mitreisenden ist ihnen gewiss! Meist haben Gäste mit gebuchten Ausflügen Vorrang. Wer individuell an Land gehen will, muss warten. Oder er kommt sogar überhaupt nicht an Land wie der Autor dieses Buches beim Anlaufen von Monte Carlo: Wegen zunehmenden Windes und Seegangs wurde das Tendern dort nach kurzer Zeit abgebrochen und die bereits an Land befindlichen Gäste eilends wieder eingesammelt. Von Deck aus verfolgten die an Bord gebliebenen Gäste interessiert das atemberaubende Ballett der auf den Wellen tanzenden Tenderboote. Manchem Landausflügler dürfte das meterhohe Auf und Ab buchstäblich den Atem geraubt haben, und ein weiblicher Gast war sogar restlos bedient: »Nie wieder Monte Carlo«, stöhnte die Frau noch Tage später.

Doch das sind Ausnahmen. Zumeist ist die See glatt, und ebenso glatt verläuft auch das Tendern. Gerade unter tropischer Sonne kommt dabei rasch das Gefühl eines gemütlichen Bootsausflugs auf. Noch eine kurze Bemerkung zum Tender: Das Wort hat in der Tat mehrere Bedeutungen und kann sowohl den (Lokomotiv-)Tender meinen als auch ein großes Versorgungsschiff (Marinetender). Auch der Barkeeper wird in den USA gern als Bartender bezeichnet. In diesem Buch steht Tender jedoch für das motorisierte Beiboot des Kreuzfahrtschiffes.

So viel zur Schiffsgröße. Entscheidender als diese Frage ist aber in der Regel das jeweilige Konzept des Schiffes. Es beeinflusst nämlich ganz ursächlich die angebotenen Routen, die Preisstruktur und damit natürlich auch die Klientel an Bord. Sehen wir uns einmal an, welche Schiffskonzepte es überhaupt gibt und welche Charakteristika sie aufweisen. Hier die wichtigsten im Überblick:

## DER MEGACRUISER

3.000, 4.000, 5.000, wer bietet mehr …? Gemeint ist hier natürlich die Anzahl der Gäste. Moderne Megacruiser sind garantiert nichts für Agoraphobiker – also Leute, die sich vor großen Menschenmengen fürchten. Denn für diese Schiffe gilt: Die Masse macht's. Und die Schiffe werden immer größer. Ihr großer Vorteil: Sie bieten vergleichsweise günstige Preise für den Aufenthalt auf See. Und dank ihrer Größe können sie immer neue Attraktionen bieten. Vor allem amerikanische Reedereien setzen auf den Grundsatz »size matters« – Größe ist alles. Megacruiser gibt es in diversen Spielarten: Auch Club- und Wohlfühlschiffe zählen aufgrund ihrer Passagierkapazität zu dieser Gattung.

## DAS CLUBSCHIFF

Hier muss alles locker-flockig sein, wie im Robinson Club auf Fuerteventura. Die Sonne lacht, das Meer ist blau und das Leben viel zu kurz, um sich mit Förmlichkeiten aufzuhalten. Dresscode? Fehlanzeige. Alles geht, solange man nicht gerade in Badehose zum Buffet latscht. Das ist übrigens auch der Verpflegungsstandard. Wer am Tisch bedient werden will, bleibt hungrig. Es sei denn, er lässt sich gegen Aufpreis in einem Spezialitätenrestaurant verwöhnen. Auch Getränke und Cocktails kosten meist extra, sofern man nicht im Voraus ein

*AIDA im Hafen von Ajaccio (Korsika)*

pauschales Getränkepaket ordert. Die Routen? Vor allem da, wo man auch Pauschaltouristen findet: Westeuropa, Kanaren, Mittelmeer, Dubai. Oder in noch weiter entfernten Zielen wie der Karibik und Südostasien. Vorreiter und Marktführer beim Clubschiff-Konzept ist übrigens wenig überraschend AIDA Cruises.

## DAS WOHLFÜHLSCHIFF

Es ist gewissermaßen der Allrounder, denn hier findet jeder seinen Platz: klassisch-elegant im Hauptrestaurant, ungezwungen-leger im Buffet-Restaurant oder ganz casual in Badehose am Poolgrill. Das Besondere ist das Premium-All-inclusive-Konzept. Will heißen: Nicht nur das Essen in (fast) allen Restaurants, sondern auch die meisten Getränke und Cocktails sind im Reisepreis mit drin. Gerade Familien mit Kindern wissen das zu schätzen, da das Reisebudget kalkulierbar bleibt. Freilich gibt es immer noch genügend Gelegenheiten, Geld loszuwerden:

*MEIN SCHIFF 3 im Hafen von Valletta (Malta)*

im Bordshop, im Spezialitätenrestaurant, beim Sushi-Workshop oder bei einem Gläschen Champagner während des Ablegens. TUI Cruises hat mit der »Mein Schiff«-Flotte dieses Konzept speziell für ein deutsches Publikum zur Perfektion gebracht.

# DAS KLASSISCHE KREUZFAHRTSCHIFF

Es gibt sie noch, die vergleichsweise kleinen klassischen Kreuzfahrtschiffe à la »ZDF-Traumschiff«. Mit Bedienung zum Frühstück, Bouillon an Deck, leichtem Lunch, Fünfuhrtee und klassischem Dinner am Kapitänstisch. Auch das Publikum schätzt Klassiker, was sich sowohl im Bordprogramm (klassische Musik, Broadwaystars, Talkrunden mit bekannten TV-Experten) als auch der Streckenwahl (Transatlantik, Ostsee, Mittelmeer, Weltreise) zeigt. Die Namen solcher Schiffe zeugen von langer Seefahrttradition, beispielsweise QUEEN ELIZABETH, EUROPA, DEUTSCHLAND oder HAMBURG (die ehemalige COLUMBUS). Wer auf ein solches Schiff geht, beweist Geschmack und Stil und lebt meist in finanziell recht erfreulichen Verhältnissen. Dinnerjacket und Abendkleid sind an Bord nicht fehl am Platz, sondern äußerst gern gesehen. Doch auch hier bröckeln die Bastionen der Tradition allmählich.

*COLUMBUS 2 in Gran Canaria*

Auf der neuen Europa 2 von Hapag-Lloyd dürfen Smoking und Schleife im heimischen Einbauschrank bleiben, nicht aber Designerjeans und passendes Sakko.

## DAS EXPEDITIONSSCHIFF

Hier können schwarzer Anzug und Abendkleid ganz getrost zu Hause bleiben, nicht aber die winddichte Daunenjacke und der Rollkragenpullover. Denn ein Expeditionsschiff ist eben kein Vergnügungsdampfer, und auch die angesteuerten Ziele sind nicht unbedingt massenkompatibel. Das Entertainment-Programm beschränkt sich daher auch meist auf Expertenvorträge zu Flora und Fauna der besuchten Regionen. Und auch die sind alles andere als musikdampfertauglich, sondern zumeist unwirtlich: Island, Spitzbergen, Grönland, Nordwestpassage, Patagonien, Feuerland oder gar die Antarktis. Landausflüge finden in der Regel mit dem Zodiac statt, einem größeren motorisierten Schlauchboot. Zur Belohnung gibt es dafür unvergleichliche Natureindrücke – und die Gewissheit, dass der neidische Nachbar diese Reise ganz bestimmt nicht gleich im nächsten Jahr nachmachen wird. Wer noch eins draufsetzen will, fährt mit einem russischen Atomeisbrecher in die Arktis oder gleich ganz hinauf bis zum Nordpol. Das ist dann wirklich nicht mehr zu toppen.

## DAS SEGELSCHIFF

Ein Großsegler bietet Seefahrtromantik pur. Es ist die klassischste Art, auf Kreuzfahrt zu gehen und neben neuen Zielen auch die seemännische Arbeit kennenzulernen. Wer will, darf sogar selbst mit anpacken, ein Muss ist es allerdings nicht.

*SEA CLOUD im Hafen von Kotor (Montenegro)*

Selbst Großsegler sind im Vergleich zum klassischen Kreuzfahrtschiff geradezu klein, das sichert eine gewisse Exklusivität
(leider auch beim Preis). Dafür erlebt man eine Seereise auf die
wohl unmittelbarste Art und trotzdem de luxe: Bei Flaute wird
einfach der bordeigene Diesel angeworfen, und weiter geht es
mit Motorkraft. Segelkreuzfahrten finden zumeist in klimatisch
angenehmen Revieren statt, vor allem im Mittelmeer und in

der Karibik. Gelegentlich sind auch Transatlantikreisen im Programm. Klassische Anbieter sind beispielsweise Sea Cloud Cruises (mit der historischen Viermastbark SEA CLOUD von 1931) oder Star Clippers mit der ROYAL CLIPPER, einem Nachbau des legendären Fünfmastvollschiffes PREUSSEN. Ponant setzt mit der LE PONANT eher auf modernes Design mit dem Flair einer Privatyacht. Wer hingegen die Low-Budget-Variante wählt und auf Schulschiffen einen Platz zum Mitsegeln bucht, schläft auf dem Mannschaftsdeck und muss bei den täglichen Segelmanövern kräftig mit anpacken.

## DIE LUXUSYACHT

Klein. Fein. Exklusiv. Champagner und Kaviar inklusive. Butlerservice. Mehr Yacht als Kreuzfahrtschiff. Nur wenige Mitreisende, dafür viel Platz in der Suite. Im Meer baden von der schiffseigenen Marina am Heck aus. Barbecue-Abende auf dem Achterdeck, natürlich mit Langusten und passendem kühlen Chablis. Vor einem die attraktivsten exotischen Reiseziele, über einem der wolkenlose Himmel. Das Leben kann so schön sein. Doch leider auch teuer. Denn für diesen Luxus muss der Normalverdiener in der Regel ganz schön sparen.

## DAS POSTSCHIFF

Seit jeher eine Besonderheit sind die norwegischen Hurtigruten. Ursprünglich war das Schiff fast die einzige Möglichkeit, Menschen und Güter entlang der Küste zu befördern und auch abgelegene Fjorde zu erreichen. Zwar werden auch heute noch Post und Waren befördert, die wichtigste Fracht ist jedoch nach wie vor höchst lebendig: Touristen aus aller Herren Länder, die auf den vergleichsweise kleinen (wenn auch hochmodernen) Schiffen die norwegische Fjordlandschaft kennenlernen wollen. Das Besondere daran: Noch immer fahren die Schiffe exakt nach Fahrplan zwischen Bergen und Kirkenes. Häfen, die auf der Nordroute nicht angelaufen werden, stehen dann gewiss auf der Fahrt nach Süden im Plan. Wem Norwegen zu schroff ist, dem bietet sich in der Südsee eine schöne Alternative: Das Passagierfrachtschiff ARANUI 5 versorgt von Tahiti aus die Marquesas-Inseln mit allem Lebensnotwendigen und nimmt auf seinem mehrtägigen Rundkurs auch Gäste mit.

## DAS FÄHRSCHIFF

Nanu, was hat ein ordinäres Fährschiff in dieser Aufzählung zu suchen? Ist seine Bestimmung nicht einfach, Autos und Passagiere von einem Hafen in einen anderen zu befördern? Die Antwort: »Ja, das auch.« Aber etliche Linien sind dazu übergegangen, die Fahrt zu einem richtigen Event zu machen und so eine zusätzliche Klientel anzusprechen. Da wird aus der simplen Kabinenfährfahrt über die Nord- oder Ostsee ganz schnell eine »Minikreuzfahrt« mit Eventcharakter. Den Hafenaufenthalt kann man für einen organisierten Halbtagesausflug nutzen, oder man lässt das Schiff fahren, verlängert um einen Tag im Hotel und nimmt für die Rückfahrt die nächste Fähre. Auch an Bord haben solche Luxusfähren viel zu bieten: Die Nutzung von Kino, Showprogramm, Wellnessoasen und Buffet-Restaurants gehört – in der Regel gegen Aufpreis – zum Angebot.

Bleibt zum Schluss der Vollständigkeit halber noch die Erwähnung von Frachtschiffreisen. Sie gelten nicht als Kreuzfahrten im eigentlichen Sinne, sind aber in den letzten Jahren immer beliebter geworden. Dennoch bilden sie nach wie vor einen Nischenmarkt, denn die Abwesenheit jeglichen Entertainments an Bord muss man mögen. Zwar sind die Gäste- und erst recht die Eignerkabinen mit allem Komfort inklusive Satelliten-TV ausgestattet, und auch das Essen in der Offiziersmesse gibt keinen Anlass zum Klagen. Zudem gibt es meist einen Fitnessraum und mitunter sogar einen kleinen Pool. Doch ein Unterhaltungsprogramm wie auf den Kreuzfahrtschiffen sucht man an Bord vergeblich, allenfalls gibt es bei schönem Wetter ein abendliches Barbecue an Deck. Auch Reiseroute und Fahrplan haben wenig mit dem bekannten Kreuzfahrtstandard gemein. Meist wird in großen Containerhäfen mit Industriecharme festgemacht, und die Liegezeit beträgt oft nur wenige Stunden. Doch selbst darauf ist nicht immer Verlass: Wird der Ladevorgang schneller beendet als geplant, legt das Schiff gern auch früher wieder ab. Jeder längere Landgang wird damit zum Vabanquespiel.

Dennoch haben Frachtschiffreisen mittlerweile eine kleine, aber treue Fangemeinde, denn nirgendwo anders erlebt man so authentisches Seefahrt-Feeling. Für Leute, die vor allem Ruhe auf See suchen, ein Buch schreiben oder schon immer mal Goethes gesammelte Werke am Stück lesen wollten, ist solch eine Reise ideal. Wer hingegen für seinen Reisepreis auch Unterhaltung erwartet, wird sicherlich auf einem Kreuzfahrtschiff glücklicher. Womit wieder die Entscheidung vom Anfang des Kapitels ansteht: alt oder neu, groß oder klein, Clubschiff oder Eisbrecher? Aber nun wissen Sie ja Bescheid.

# NORDLAND ODER SÜDSEE?

## Die besten Routen für jeden Geschmack

»Man entdeckt keine neuen Erdteile, ohne den Mut zu haben, alte Küsten aus den Augen zu verlieren«, wusste schon der französische Schriftsteller und Literaturnobelpreisträger André Gide. Zu welchen neuen Küsten sich der Kreuzfahrttourist heute aufmacht, bestimmt er natürlich selbst – und zwar durch gezielte Auswahl seines Traumurlaubs im Reisekatalog oder durch eine Empfehlung im Reisebüro. Doch das »Wohin« ist gar nicht so einfach, denn die Auswahl ist riesengroß: Südsee oder Nordsee. Ostsee oder Mittelmeer? Und ist man überhaupt »seefest« genug, um auch stürmische Zeiten zu überstehen? Eine dreimonatige Weltreise am Stück ist daher gleich als Premierenfahrt augenscheinlich nicht die beste Wahl.

Für den Debütanten, dessen einzige maritime Erfahrung bisher eine Barkassenfahrt im Hamburger Hafen war, bietet sich zunächst einmal eine Kurz- oder »Schnupperkreuzfahrt« an. Das sind in der Regel recht überschaubare Reisen von zwei bis fünf Tagen, die gleich einen doppelten Zweck haben: Zunächst einmal sind sie eine gute (und vergleichsweise kostengünstige) Möglichkeit auszuprobieren, ob einem die Urlaubsform Kreuzfahrt überhaupt »liegt«. Für das deutsche Publikum beginnen solche Fahrten meist in den Hochseehäfen Hamburg, Bremerhaven, Kiel oder Rostock, sodass die Anreise nicht allzu beschwerlich ausfällt und bequem per Bahn oder Pkw erfolgen kann. Die Route des Schiffes ist dann meist auch recht kurz und beschränkt sich in der Regel auf Nord- oder Ostsee, Dänemark oder den Ärmelkanal. Im Nachgang einer solchen Reise gibt es eigentlich nur zwei mögliche Reaktionen der Schiffsnovizen: Die einen sagen entrüstet »nie wieder« und machen fortan nur noch Urlaub in den Bergen, alle anderen aber werden unheilbar vom Kreuzfahrtbazillus befallen und kehren so oft wie möglich auf ein Passagierschiff zurück.

Und damit sei auch gleich der andere Zweck solcher Schnupperkreuzfahrten genannt: Sie dienen natürlich auch dazu, ein bestimmtes Schiff dem Reisepublikum vorzustellen, das dieses dann im Anschluss (hoffentlich) für eine oder gleich mehrere größere Fahrten bucht. Immer getreu dem norddeutschen Sprichwort: Was der Bauer nicht kennt, das isst er nicht (im plattdeutschen Original ist übrigens nicht so fein von »essen« die Rede).

Hat man seine Seetauglichkeit ausreichend getestet und Gefallen am Kreuzfahrturlaub gefunden, steht neben der Schiffswahl auch die Auswahl eines passenden Ziels an. Der Fachmann spricht hier auch gern von »Kreuzfahrtrevieren« oder »Destinationen«. Geht es nach der Beliebtheit, ist die Auswahl der Reviere praktisch die gleiche wie schon vor 125 Jahren: Mittelmeer, Norwegen und die Karibik halten sich in der Spitzengruppe. Es sind gewissermaßen die Klassiker – auch wenn ein altes Thema immer mal wieder neu variiert wird. Doch dazu später mehr. Hier zunächst einmal die wichtigsten Destinationen im Kurzcheck:

Entscheidet man sich beispielsweise für das Mittelmeer – das nach wie vor beliebteste aller klassischen Reviere – steht nämlich gleich schon die nächste Entscheidung an: östliches oder westliches Mittelmeer, einmal rund um Italien, Adria-Rundreise, griechische Inseln oder gar eine Verlängerung in Richtung Kanaren? Oder aber in der entgegengesetzten Richtung durch den Suezkanal und das Rote Meer in Richtung Arabische Halbinsel? Alle diese genannten Destinationen haben ihren ganz eigenen Reiz, und die Auswahl ist verwirrend bunt.

Wer auf Sonne und Partys steht, wählt vielleicht eine Route mit Anläufen in Mallorca und Ibiza oder, weiter östlich, in Mykonos. Italien-Freunde kommen in Civitavecchia (Achtung, bis nach Rom ist es eine eineinhalbstündige Busfahrt), Livorno (etwa gleiche Entfernung bis nach Florenz), Neapel, Palermo, Catania, Bari, Triest oder Venedig auf ihre Kosten. Griechische Antike erleben kann man hingegen in Athen (Anlaufhafen: Piräus) oder Iraklion auf Kreta; kleinere Schiffe bieten gelegentlich mit der Durchfahrt durch den Kanal von Korinth zudem noch ein spektakuläres maritimes Erlebnis. Auch die Küste Kleinasiens (beliebte Ein- und Ausschiffungsorte: Antalya und Istanbul) bietet viele antike Schätze, ebenso das Schwarze Meer. Dort bieten sich mit den Häfen von Odessa (bekannt aus dem Filmklassiker »Panzerkreuzer Potemkin«), Jalta (Schauplatz der Konferenz von Jalta 1945) und der Festungsstadt Sewastopol ebenso geschichtsträchtige wie sehenswerte Ziele.

Landschaft pur bietet hingegen eine Reise in den Norden Europas – allerdings bei deutlich geringeren Temperaturen, sodass sich auch im Sommer die Mitnahme eines warmen

Pullovers empfiehlt. Die klassische Route geht entlang der norwegischen Küste zu den schönsten Fjorden und interessantesten Städten wie Bergen, Ålesund, Trondheim oder Tromsø. Je nach Route geht es hoch bis zum Nordkap; einige Kreuzfahrten gehen sogar noch darüber hinaus und haben Abstecher in Richtung Spitzbergen im Programm. Auch Island oder die grönländische Ostküste werden gelegentlich im Rahmen längerer Nordlandfahrten angelaufen. Dass solche Reisen nur in der Sommersaison stattfinden, wo die Tage lang und (vergleichsweise) angenehm temperiert sind, versteht sich fast von selbst. Ausnahme sind die Post- und Passagierschiffe der Hurtigruten, die einen ganzjährigen Liniendienst entlang der norwegischen Küste versehen. Sie locken in der dunklen Jahreszeit gelegentlich mit Schnäppchenpreisen.

Regnerisches und wechselhaftes Wetter herrscht häufig auf den britischen Inseln, sodass die klassische Großbritannien-Rundfahrt (wahlweise auch mit Irland oder einem Abstecher nach Schottland und zu den Hebriden) in der Regel nur in den Sommermonaten angeboten wird. Als klassische Seefahrtnation wartet das Land mit einer Menge interessanter und teilweise sehr malerischer Küstenstädte auf (persönlicher Favorit des Autors: Falmouth in Cornwall), die sich zudem gut als Basis für Ausflüge ins Landesinnere eignen. Meist sind die Sehenswürdigkeiten nämlich nicht allzu weit von der Küste entfernt, sodass der prähistorische Steinkreis von Stonehenge beispielsweise von Southampton aus gut in einem Vormittags- oder Nachmittagsausflug erreichbar ist. London ist allerdings nur im Rahmen einer Tagestour zu bewältigen – es sei denn, das Schiff ist klein genug und erhält die Erlaubnis, die Themse hinaufzufahren und in Greenwich oder sogar vor der Tower Bridge festzumachen.

*MS DEUTSCHLAND in Greenwich*

Eine Rundreise auf der Ostsee gehört ebenfalls zu den beliebtesten Klassikern, zumal der Start- und Zielhafen auch hier meist in Deutschland liegt. Eine solche Reise bietet viele kulturell interessante Metropolen – Stockholm, Helsinki, St. Petersburg, Tallinn, Riga, Danzig (Hafen: Gdynia) und, je nach Routenführung, auch Kopenhagen. Geschichtsträchtig sind ebenso Visby auf Gotland (in der mittelalterlichen Kulisse wurden die Pippi-Langstrumpf-Filme gedreht) oder Klaipeda, das frühere Memel. Auch diese Ostseereisen werden meist nur in den Sommermonaten angeboten, da das Revier in der kalten Jahreszeit ebenfalls nicht gerade einladend ist. Immerhin: Die flache Ostsee gilt – im Vergleich zur Nordsee und erst recht zum Nordatlantik – als »ruhiges« Gewässer. Wer gern mit dem Schiff fährt, aber keinen hohen Seegang verträgt, findet den Sommer über hier ein schönes und abwechslungsreiches Kreuzfahrtrevier.

Ebenfalls höchst abwechslungsreich und zumeist mit postkartenblauem Himmel und ebensolchem Wasser ausgestattet ist die Karibik: Nicht umsonst zählt sie zu den Traumzielen eines jeden Kreuzfahrttouristen. Gut haben es hier die Gäste aus den USA, die bequem in Miami an und von Bord gehen. Für Urlauber aus Mitteleuropa bedeutet der Genuss von Karibikflair damit leider auch, dass sie eine mehrstündige Flugan- und -abreise in Kauf nehmen müssen, was die Urlaubskosten natürlich in die Höhe treibt. Noch teurer dürfte es werden, wenn man diese Zubringerreisen ebenfalls per Schiff bewältigt. Das muss man sich dann auch zeitlich leisten können.

*Kapstadt von der COLUMBUS 2 aus*

Weitere exotische Ziele sind beispielsweise Südamerika (Ost- oder Westküste, gern auch kombiniert mit einer Kap-Hoorn-Umrundung oder einer Fahrt durch den Panamakanal), Südafrika (meist kombiniert mit einer Safari oder entsprechenden Tagesausflügen), die Inselwelt des Indischen Ozeans, Arabien (Persischer Golf oder Rotes Meer mit Suezkanal), Südostasien, Indien mit Sri Lanka, Australien, Neuseeland, die Südsee oder – besonders exklusiv – eine Transpazifikreise. USA-Freunde können sich hingegen vielleicht für eine Reise entlang der Ostküste in Richtung Kanada zum Indian Summer erwärmen oder alternativ auf Scarlett O'Haras Spuren in Richtung Südstaaten. Auf der Pazifikseite locken amerikanische Megacruiser häufig mit spektakulären Fahrten in die Gletscherwelt Alaskas.

Doch nicht zu jeder Jahreszeit wird alles angeboten, zumindest nicht in europäischen Gewässern. Denn mit Kreuzfahrtschiffen ist es ähnlich wie mit Zugvögeln. Auch bei ihnen gilt die Devise: Immer der Sonne nach! Die meisten Kreuzfahrtgäste wollen es für ihr Geld nämlich warm und behaglich haben, und sie wollen in der Regel sogar ganz bewusst dem europäischen Winter entfliehen. Wer einmal im schmuddelig-grauen November eine Fahrt in die sonnige Karibik oder nach Südafrika unternommen hat, weiß das zu schätzen. Hier kommt daher ein – zugegeben fiktiver und aus den Angeboten unterschiedlicher Anbieter zusammengesetzter – Reiseplan über ein ganzes Jahr.

## JANUAR:

Beginn der Weltreisesaison. Entweder in Richtung Westen, dann geht es jetzt von Europa aus in Richtung USA und Karibik. Oder nach Osten, dann geht die Fahrtroute beispielsweise durchs Mittelmeer in Richtung Indischer Ozean. Der Zeitplan ist straff, denn bis März oder April soll ja schließlich die Erdumrundung geschafft sein.

## FEBRUAR:

In (nord-)europäischen Gewässern ist in dieser Jahreszeit praktisch nichts los. Wer aufs Schiff will, muss eine Weltreise-Teilstrecke buchen, auf die Südhalbkugel fliegen oder mindestens auf die Kanaren, an den Persischen Golf oder in die Karibik. Auch Südostasien ist jetzt ein interessantes Revier.

## MÄRZ:

Allmählich kommen die Schiffe aus Südostasien oder aus der Karibik zurück, um rechtzeitig zur europäischen Kreuzfahrtsaison zur Verfügung zu stehen. Auch die Weltreisen nähern sich langsam ihrem Ende.

## APRIL:

Osterferien – Auftakt für die beliebten Mittelmeer-Kreuzfahrten, häufig auch für Familien mit Kindern. Auch die Kanaren und Madeira sind um diese Jahreszeit sehr begehrt.

## MAI:

Die Kinder müssen wieder zur Schule, das Leben an Bord wird ruhiger. Zeit für Entdeckerreisen zu europäischen Kulturmetropolen wie Amsterdam, Bilbao oder Lissabon. Gern werden solche Fahrten entlang der europäischen Küsten auch zur neuen Positionierung des Schiffes genutzt. Denn mit steigenden Temperaturen werden allmählich auch die nord- und osteuropäischen Reviere interessant.

## JUNI/JULI/AUGUST:

Die beste Zeit für Nordsee, Ostsee oder Norwegen. Oder einmal rund um Großbritannien, solange es dort nicht andauernd regnet. Auch Island und Grönland zeigen sich jetzt von ihrer freundlichsten Seite – die Mitternachtssonne macht's möglich. Im August beginnen auch die ersten Transreisen in Richtung USA und Kanada, um rechtzeitig zum Indian Summer vor Ort zu sein. Ist das Schiff erst einmal da, bieten sich im Anschluss Kreuzfahrten entlang der amerikanischen Ostküste an. Von dort geht es dann ab in die Karibik.

## SEPTEMBER:

Erneut stehen europäische Metropolen auf dem Programm, eventuell im Rahmen einer Transreise in Richtung Mittelmeer. Dort finden sich, rechtzeitig zu den Herbstferien, immer mehr Schiffe ein.

## OKTOBER/NOVEMBER:

Hoch im Kurs stehen jetzt Mittelmeer, Balearen und Kanaren, wo man noch ausreichend Sonne tanken kann. Mehr und mehr Schiffe entschwinden jetzt auch in Richtung Südostasien, denn auf der Südhalbkugel beginnt die warme Jahreszeit. Auch die Karibik rückt nun wieder verstärkt in den Fokus der Reisenden.

## DEZEMBER:

Möglichst schnell weg aus dem europäischen Schmuddelwinter, schließlich sollen die Gäste ihre Weihnachts- oder Silvesterkreuzfahrt im Warmen genießen können, mit Cocktails an Deck und schönem Feuerwerk auf See zum Jahreswechsel.

Und im Januar heißt es, Sie ahnen es bereits: same procedure as last year …

Soweit also der fiktive Kreuzfahrtkalender. Darin gefallen ist schon der Name Positionierungsreise (auch Transreise genannt). Hierbei handelt es sich um Überführungsfahrten, die Schiffe von einem Revier in ein anderes bringen – nämlich dorthin, wo es aufgrund der Jahreszeit gerade gefragt ist. Die Kreuzfahrtunternehmen haben es verstanden, auch aus diesen notwendigen Fahrten ein Geschäft oder zumindest keinen Verlust zu machen. Denn solche Reisen erinnern noch am ehesten an die klassische Zeit der Oceanliner, als man stilvoll mit dem Schiff von A nach B reiste, mit Zwischenstopps in ausgewählten Häfen. Dementsprechend ziehen sie immer auch eine bestimmte Klientel an – Menschen, die ganz bewusst mit dem Schiff von einem Ort zum nächsten reisen und die Fahrt dabei genießen wollen. Hinzu kommt, dass oft attraktive Reiseziele wie zum Beispiel selten angelaufene Häfen und Inseln oder auch eine reizvolle Kombination von Zielen diese Fahrten interessant machen. Und dort, wo das nicht funktioniert, beispielsweise bei einer Fahrt quer über den Südatlantik, wird eben mit dem Schiff als Ziel geworben: Wellness auf den Wellen, eine bewusste mehrtägige Auszeit von der Hektik an Land.

Dies leitet nun über zur klassischsten aller Seereisen, einer Transatlantikfahrt von Europa nach New York oder retour. Sie gilt, neben der Weltreise, als absolute Königsdisziplin. Allein das Einlaufen in New York bei Sonnenaufgang zählt zum Schönsten, was man auf einer Seereise erleben kann. Aber eine solche Reise muss man sich leisten können – und vor allem wollen. Denn man sieht ansonsten sechs Tage lang nichts als Wasser (vom

kurzen Blick auf die Küste Neufundlands einmal abgesehen), und das Wetter auf dem Nordatlantik ist höchst launenhaft und lädt selbst im Hochsommer nicht unbedingt zum Sonnenbaden an Deck ein. Der Autor dieser Zeilen hatte vor einigen Jahren auf seiner Nordatlantik-Premierenreise Ende August jeden Tag ein anderes Wetter, von strahlendem Sonnenschein über Regenschauer bis hin zu Seenebel. Doch dafür ist eine solche Reise pure Nostalgie. Schließlich fährt man auf der klassischen Route von Europa nach Amerika oder zurück, also auf der traditionellen maritimen »Nordatlantik-Rennstrecke« zwischen Southampton und New York, auf der früher so viele Oceanliner ums »Blaue Band« für die schnellste Überquerung konkurrierten.

Heute hingegen geht Komfort vor Geschwindigkeit, das Leben an Bord ist wichtiger als das schnelle Ankommen, und aus den ehemals vier Tagen für eine Passage sind wieder sechs oder sieben geworden. Insbesondere die britische Cunard Line kann mit ihrer langen Transatlantik-Tradition punkten und hat mit der QUEEN MARY 2 zudem ein Vorzeigeschiff in ihrer Flotte, das mit seinem verstärkten Bug speziell für den Linieneinsatz im Nordatlantik gebaut worden ist. Auch die Farbgebung (klassisch schwarz-weiß mit rot-schwarzem Schornstein) und die nostalgische Innenausstattung erinnern an die goldene Ära der großen Oceanliner. Gerade unter deutschen Passagieren ist diese Kombination äußerst beliebt, sodass Cunard immer häufiger auch Transatlantikpassagen von und ab Hamburg anbietet. Auch diese Verbindung ist dank der Hapag eine klassische Oceanliner-Strecke.

Natürlich gibt es auch andere Möglichkeiten, über den Großen Teich zu gelangen. Etwa auf der Nordroute, die in den Sommermonaten gelegentlich über Schottland, Island, Südgrönland und Neuschottland führt. Oder, deutlich beliebter, auf der Südroute, also von der spanischen Halbinsel aus, via Kanaren in Richtung Karibik. Eine solche Route können dann auch Kreuzfahrtschiffe bequem zurücklegen, die nicht speziell für die rauen Seebedingungen des Nordatlantiks gebaut worden sind. Wer eine solche Passage wählt, kann auf klimatisch angenehme Temperaturen und vergleichsweise ruhige See hoffen und hat zugleich das schöne Gefühl, auf Kolumbus' Spuren unterwegs zu sein. Auch die italienischen Luxusliner wie die Blaue-Band-Gewinnerin REX oder 20 Jahre später die schicksalhafte ANDREA DORIA fuhren stets auf der sonnigen Südroute von Genua über Gibraltar in Richtung New York.

Wer statt Nostalgie vor allem Natur sehen will, der bucht vielleicht eine Expeditionskreuzfahrt in die Polarregionen. Hierzu geeignet sind meist kleinere Schiffe, die eine entsprechende »Eisklasse« aufweisen, also für den Aufenthalt in polaren Gewässern geeignet sind und daher auch bei Fahrten durchs Eis nicht steckenbleiben oder gar leckschlagen. Klassische Reviere sind sowohl die Arktis als auch die Antarktis. Erstgenannte wird vor allem im europäischen Sommer angeboten, während Antarktisreisen stets im europäischen Winter stattfinden, wenn es also auf der Südhalbkugel wärmer wird.

Dennoch sind solche Fahrten kein Zuckerschlecken, erst recht nicht zwischen Kap Hoorn und Südpol. Denn die tückischen Wetterbedingungen südlich des 40. Breitengrads haben es in sich, wie die Namen »Roaring Fourties«, »Furious Fifties« und »Screaming Sixties« (gemeint sind hier natürlich die jeweiligen Breitengrade) verraten. So mancher Expeditionsreisende wurde hier schon kräftig durchgeschüttelt. Meist starten die Reisen in Richtung antarktischem Kontinent von Ushuaia am untersten Zipfel Südamerikas aus, die Fluganreise erfolgt dann über Buenos Aires. Je nach Route ist beispielsweise die Inselgruppe Südgeorgien (hier ruhen die Gebeine des Polarforschers Sir Ernest Shackleton) im Programm, häufig auch die Falklandinseln. Wer die Hardcorevariante einer solchen Expeditionsreise bevorzugt, fährt – nun allerdings wieder auf der Nordhalbkugel – mit einem russischen Atomeisbrecher in Richtung Spitzbergen und weiter nach Franz-Josef-Land. Letztgenannte Inselgruppe im Nordpolarmeer gehört zwar zu Russland, wurde aber im 19. Jahrhundert von einer österreichisch-ungarischen Expedition erkundet und trägt seither den Namen des Monarchen.

Klimatisch das andere Extrem sind Expeditionsreisen in den Tropen, also beispielsweise auf dem Amazonas oder in der Inselwelt Südostasiens. Entdeckungen ganz anderer Art bieten hingegen Themenreisen zu bestimmten Hobbys oder für bestimmte Zielgruppen: Golfreisen organisieren Landausflüge zu besonderen Plätzen und versprechen an Bord meist auch die professionelle Betreuung durch Golflehrer. Grüns anderer Art bieten spezielle Gartenreisen – häufig entlang der englischen Küste oder zu mediterranen Zielen. Musikreisen führen oft zu namhaften Konzert- und Opernhäusern in attraktiven Metropolen, gelegentlich reist sogar ein ganzes Orchester an Bord mit und unterhält die Gäste mit exklusiven Privatkonzerten. Am anderen Ende des musikalischen Spektrums stehen Kreuzfahrten mit Schlagerstars oder Heavy-Metal-Bands. Dass das Publikum an Bord jeweils ein komplett anderes ist, kann man sich denken. Dies gilt erst recht für »Gay Cruises« oder »Rainbow Cruises«.

Bleibt zum Schluss des Kapitels noch ein Hinweis auf die Krönung aller Kreuzfahrten – die Weltreise. Sie startet und endet per Definition im selben Hafen und umrundet die Erde einmal komplett. Dafür braucht man Geld und vor allem viel Zeit – unter drei Monaten geht per Schiff kaum etwas. Wer im Vorfeld etwas über die besondere Atmosphäre an Bord auf einer solch langen Reise erfahren will, ohne viel Geld auszugeben, sei auf das Buch »In 180 Tagen um die Welt« hingewiesen: Der Autor Matthias Politycki hat in diesem Roman eine Weltreise auf der MS Europa aus eigener Anschauung humorvoll-karikierend beschrieben.

Je nach gewählter Route sind bei einer Weltreise Fahrten durch den Panama- oder Suezkanal mit dabei. Sie sind gewissermaßen maritime Höhepunkte und unter Seereisenden ähnlich prestigeträchtig wie für Alpinisten die Erstbesteigung eines Achttausenders. Doch Achtung: Nicht alle beworbenen »Weltreisen« sind tatsächlich echte Weltreisen im Sinne der strengen Definition – zum Beispiel dann nicht, wenn sie an der US-Westküste beginnen und an der US-Ostküste enden. Auch Reisen von Europa bis nach Asien oder in die Südsee und dann auf anderer Route wieder zurück nach Europa sind keine Weltreisen im eigentlichen Sinne, da sie die Welt ja nicht umrunden, sondern nach der Hälfte wieder zum Ausgangsort zurückführen.

Wem eine Weltreise zu lang, zu langweilig oder zu teuer ist, für den bieten sich auch einzelne Weltreise-Teilstrecken an. Alle großen Anbieter haben sie alternativ zur Gesamtstrecke im Programm. Dann findet an einigen gut erreichbaren Hafenstädten dieser Erde jeweils ein Wechsel statt: Etliche Gäste

*Portugiesische Küste bei Nacht*

verlassen das Schiff und jetten nach Hause zurück, andere kommen per Flieger und freuen sich auf das Leben an Bord und auf interessante Häfen auf »ihrem« Teilstück. Vielleicht ja zur Abwechslung mal mit einem Goethe-Zitat im Kopf: »Man reist ja nicht, um anzukommen, sondern um zu reisen.«

# SHUFFLEBOARD ODER SHOW?

## Das Bordleben

Heiraten auf See hat seine Tücken. Das erkannte schon Heinz Rühmann, der in der alten Kinoschnulze »Das Haus in Montevideo« einen spießbürgerlichen Familienvater mit untadeligen Moralvorstellungen gibt. Um das beträchtliche Vermögen seiner verstorbenen Schwester in Montevideo zu erben, muss er laut perfidem Testament zumindest einen moralischen Fehltritt begehen – ein echtes Dilemma für den sittenstrengen Mann. Rühmanns Seelenpein hat aber ein überraschendes Ende, als er feststellt, dass seine Ehe wegen eines Formfehlers ungültig ist und seine zwölf (!) Kinder somit unehelich sind. Weil – und damit sind wir beim Thema – der Bund fürs Leben auf einem Schiff geschlossen wurde, und zwar von einem Kapitän, der dazu gar nicht befugt war.

Keine Frage: Eine Hochzeit auf See ist etwas unglaublich Romantisches, und dementsprechend gern zeigen Fernsehsendungen wie »Das Traumschiff« oder »Kreuzfahrt ins Glück« eine Vermählung an Deck durch den Kapitän. Doch die Realität sieht wie so häufig nicht ganz so rosig aus. Denn wie bei Rühmann darf nicht jeder Kapitän jeden beliebigen Kreuzfahrtgast trauen – so einfach ist es dann doch nicht. Deutsche

Reisende haben es da noch vergleichsweise gut: TUI Cruises kann beispielsweise Hochzeitsarrangements auf der »Mein Schiff«-Flotte anbieten, da die Schiffe unter der Flagge Maltas fahren. »Sobald sich eines der Wohlfühlschiffe zwölf Meilen von der Küste entfernt, dürfen die Kapitäne … die Rolle eines Standesbeamten übernehmen und ein Hochzeitspaar an Bord rechtskräftig trauen«, heißt es auf der »Mein Schiff«-Website. Spontane Eheschließungen an Bord sind allerdings auch hier nicht drin. Die Vorlauffrist beträgt mindestens zehn Wochen, damit die maltesischen Behörden in aller Ruhe die Papiere prüfen können.

Auch die SEA CLOUD und die Schiffe von Celebrity Cruises fahren beispielsweise unter maltesischer Flagge, sodass hier ebenfalls eine Trauung auf See möglich ist. Ähnlich unkompliziert ist es bei Schiffen, die in Ländern wie den Bahamas oder den Bermuda-Inseln registriert sind wie beispielsweise die QUEENS von Cunard. Auch auf der AIDA-Flotte kann man heiraten, allerdings nicht auf hoher See, sondern nur in bestimmten Häfen, wo dann die jeweiligen Landesgesetze greifen (AIDA-Schiffe fahren unter italienischer Flagge). Allerdings: Billig ist das Ganze nicht, denn zum Preis der Reise (und dem für eventuell mitreisende Gäste und Trauzeugen) kommt meist noch eine stattliche, meist vierstellige Pauschale. Viele Paare begnügen sich daher mit einer – nicht rechtswirksamen, aber ebenfalls sehr schönen – Zeremonie, in der das bereits an Land (und häufig schon viele Jahre zuvor) gegebene Eheversprechen noch einmal bekräftigt wird.

Doch das sind natürlich die Highlights eines Kreuzfahrturlaubs. Der »Alltag« an Bord sieht meist anders aus, wenn auch kaum weniger abwechslungsreich. Angesichts der Überfülle an Möglichkeiten und des genau getakteten Tagesplans ist Disziplin gefordert. Der niederländische Schriftsteller Cees Nooteboom bemerkte anlässlich einer Reise auf der DEUTSCHLAND treffend: »Das Leben an Bord hat Ähnlichkeit mit einem Kloster, alles geschieht zu festen Zeiten, und man kann nicht weg.« Diese klösterliche Disziplin wird freilich überall eingefordert – nicht nur in der Fünf-Sterne-Kategorie, sondern auch auf vermeintlich legeren Schiffen: Denn wer zu spät kommt, den bestraft bekanntlich das Leben – und sei es an Bord auch nur in Form eines bereits wieder abgeräumten Galabuffets oder, schon deutlich schlimmer, eines längst abgefahrenen Busses für den Landausflug.

Überhaupt muss der Kreuzfahrttourist klar unterscheiden zwischen zwei Arten von Tagen: den Seetagen und den Landausflugstagen. Kreuzfahrtnovizen buchen gern eine Reise mit möglichst vielen Zielen an Land, um auf der Reise möglichst viel Neues zu sehen. Das ist verständlich und legitim. Aber leider ist eine solche Reise unweigerlich auch mit Stress und frühem Aufstehen verbunden, die der Seereise viel von ihrem Charme nehmen. Das Schiff ist dann im Grunde nicht mehr als ein schwimmendes Hotel, das der Gast nur zum Abendessen und Schlafengehen nutzt (und zum eiligen Frühstück am Morgen). Das aber ist schade, denn Schiffe haben unendlich viel mehr zu bieten. Das Wichtigste dabei ist: Zeit!

Um dem gestressten Kreuzfahrtgast zumindest ein wenig Gelegenheit zur Akklimatisierung und zum Kennenlernen des Schiffes zu bieten, ist der erste Reisetag daher in der Regel immer ein Seetag. Und auch der Tag vor der Abreise wird zumeist komplett auf dem Wasser verbracht – damit der Gast genügend Zeit hat, wieder seine Koffer zu packen. Kreuzfahrtprofis und Menschen, die gern viel Zeit auf dem Ozean verbringen wollen, genießen hingegen Reisen mit möglichst vielen Seetagen. Das können beispielsweise Atlantik- oder Pazifik-Überquerungen sein, aber auch Transreisen, die das Schiff mit Gästen an Bord von einem Kreuzfahrtrevier in ein anderes bringen.

Doch wie sieht ein typischer Seetag an Bord eigentlich aus? Genau genommen startet er schon mit dem Vorabend – nämlich dann, wenn das neue Tagesprogramm an die Kabinentür geklemmt oder in die Kabine gelegt wird. Nun heißt es aufmerksam lesen, klug planen und knallharte Entweder-oder-Entscheidungen treffen: Origamifalten um 10 Uhr in der Lobby oder lieber zur gleichen Zeit ins Theater zum Diavortrag über den nächsten Hafen? Vorher eine Runde Sport an Deck um 8 Uhr morgens mit Hans, dem Fitnesstrainer, oder lieber noch einmal richtig ausschlafen? Und dann ein gemütliches Frühstück … Aber halt, bis zu welcher Uhrzeit bieten die Restaurants überhaupt Frühstück an? Und gibt es vielleicht noch irgendwo ein Langschläferfrühstück mit reduzierter Karte, falls man doch etwas später aus dem Bett kommt als geplant? Alle Öffnungszeiten finden sich akkurat aufgelistet im Bordprogramm. Als Faustregel gilt: An Seetagen gibt es das Frühstück meist länger als an Landtagen, wo die Vormittags- und Ganztagsausflüge zu teilweise sehr unchristlichen Uhrzeiten starten.

Und schon mit dem Frühstück beginnt eine neue Qual der Wahl: Buffet- oder Bedienrestaurant? Meist haben beide für die hungrigen Gäste geöffnet, und die allmorgendliche Auswahl ist eine Frage des persönlichen Stils – oder wird manchmal auch ganz profan danach entschieden, wo gerade ausreichend Platz ist. Selbst im Hauptrestaurant wird übrigens – abgesehen von den Heißgetränken, die am Platz serviert werden – das meiste in Buffetform angeboten. Mitunter bereitet ein Eierkoch Omelettes und Spiegeleier direkt nach Wunsch zu, oft gibt es die Eierspeisen aber auch nur aus dem Warmhaltegerät. Zum klassischen Frühstück gehört auch eine Zeitung – dank moderner Satellitenkommunikation kommen die aktuellen Nachrichten direkt an Bord und werden als deutsch- oder englischsprachiges Blatt direkt im handlichen A4-Format ausgedruckt. Wer will, kann gegen Aufpreis sogar einen Schwarzweiß-Ausdruck seiner Lieblingszeitung haben. Kein Vergleich jedenfalls zu dem »reichlich albernen Papier«, das Nobelpreisträger Thomas Mann auf einer Atlantiküberquerung 1934 ärgerte: Damals waren die meisten Meldungen nur vorgedruckt, und die ergänzenden, über Funk empfangenen aktuellen Nachrichten wussten oft nur Triviales zu berichten.

Nach dem Frühstück stehen weitere Entscheidungen an: Das Origamifalten um 10 Uhr ist leider schon vorbei, aber um 11 Uhr steht ein Cocktailmix-Workshop auf dem Programm, während die Gattin doch viel lieber zum Salsakurs gehen würde. Als Kompromiss bietet sich eine Partie Shuffleboard auf dem Sonnendeck an, denn auch da ist die nächste Bar nicht allzu weit entfernt, und etwas Bewegung gibt es obendrein. Und die macht an der frischen Seeluft bekanntlich Appetit. Gut, dass ab 12 Uhr bereits die Restaurants wieder öffnen. Auch hier wieder die klassische Frage: Buffet- oder Bedienrestaurant? Profis schauen immer erst einmal auf die Menükarte, die meist diskret neben der Eingangstür hängt, und entscheiden dann spontan ganz nach Gusto. Falls wider Erwarten gar nichts zusagt, gibt es immer noch den Grill-Imbiss auf dem Außendeck.

Nach dem krönenden Espresso vielleicht noch einen kleinen Digestif? Kein Problem, die ersten Bars haben ja bereits geöffnet. Aber bitte nur ein Glas, schließlich will die Gattin bei der Aqua-Fitness um 15 Uhr im Pool ja noch eine gute Figur machen. Der Gatte hingegen macht lieber »bella figura« im Liegestuhl, nimmt sich aus der Kabine einen Ken-Follett-Roman und von der Bar eine Pina Colada mit. Sport machen kann man schließlich auch zu Hause. Der Himmel ist blau, die Sonne lacht, die Stimmung ist gut. Jetzt ein wenig lesen, ein wenig dösen, ein wenig träumen … ja, genauso muss eine Kreuzfahrt sein.

*Pooldeck der MEIN SCHIFF 3*

Verflixt, wie lange habe ich jetzt geschlafen? Ach, herrje, schon so spät? Um 17.30 Uhr steigt doch schon der Cocktailempfang für die Repeater – also für alle, die schon einmal mit der Reederei gefahren sind. Da sind wir natürlich dabei. Jetzt heißt es sich ranhalten, schließlich verlangt der Dresscode »informal«. Also Hemd, lange Hose und Sakko. Mist, wo hängt doch gleich die Krawatte? Immer diese Unordnung in der Kabine! Naja, notfalls bleibt das Hemd eben offen. Gottseidank gibt es hier an Bord keinen Dresscode »formal« – sonst hätten Smoking und Abendkleid auch noch mit in den Koffer gemusst. Eigentlich hätte es doch auch gern »casual« sein dürfen – sprich Polohemd und Leinenhose. Aber andererseits wartet heute Abend ja noch das extra gebuchte Candle-Light-Dinner im Spezialitätenrestaurant … Da muss man sich nach dem Cocktail wenigstens nicht noch einmal umziehen. Aber wo ist denn jetzt nur diese verflixte Krawatte …?

Verlassen wir an dieser Stelle wieder den inneren Monolog des – kurzzeitig doch arg gestressten – Kreuzfahrtgastes und machen einen kleinen Zeitsprung: Das opulente Abendessen ist vorbei, und die Show kann beginnen. Entweder auf dem offenen Pooldeck, wo bei schönem Wetter hinreißende Open-Air-Darbietungen und oft ein mindestens ebenso hinreißendes Dessertbuffet locken. Oder im Theatersaal des Schiffes, wo man – ähnlich wie im Kino – auf bequemen Samtsesseln ruhend mit einem Drink in der Hand die Darbietungen verfolgt. Länger als eine Dreiviertelstunde geht in der Regel keine dieser Shows (Ausnahme: die große Crew-Farewell-Show am letzten Abend), was an der strengen stündlichen Taktung des Bordlebens liegt. Bei Schiffen, die in ihrem Hauptrestaurant aus Platzgründen zwei Sitzungen für das Abendessen haben, gibt es meist auch zwei Shows mit identischem Programm hintereinander.

Bleiben zum Ausklang noch ein kleiner Absacker an der Bar oder auch ein paar Cocktails in geselliger Runde. Nachher vielleicht noch ein kleiner Besuch im bordeigenen Casino, nur ein paar Runden Blackjack, und dabei eine Havanna schmauchen … Hoppla, schon wieder so spät geworden? Und dabei wollten wir doch eigentlich noch in aller Ruhe den nächsten Tag planen. Mal sehen, was das Tagesprogramm für morgen so alles bietet …

Mitunter ist der nächste Tag dann ein »Landtag«. Auch hier bieten sich mehrere Möglichkeiten der Freizeitgestaltung an. Im Prinzip gibt es zwei Optionen: Man geht an Land, oder

*Blick auf das Hafenareal in Southampton*

man bleibt an Bord. Letztgenannte Wahl ist mitunter von wenig touristischem Reiz, sofern das Schiff irgendwo in einem weitläufigen Industriehafen festgemacht hat. Dann schweift der Blick von Bord über rostige Kräne, brackiges Wasser und Containergebirge, während die anderen Gäste in ihren Ausflugs-bussen längst einem neuen touristischen Höhepunkt entgegen-schaukeln. Dafür bietet das Schiff seine Annehmlichkeiten auf einmal in geradezu friedlicher Stille dar: halbleere Restaurants, kein Gedrängel am Buffet, kein überfüllter Spa- und Fitness-bereich, kein Kampf um die Liegen am Pool. Allerdings: Auch kein Einkaufsbummel, denn die Ladengalerien an Bord bleiben im Hafen ebenso geschlossen wie das Spielcasino. Zocken und zollfrei Shoppen, das geht nur außerhalb der Dreimeilenzone.

Wer sich für den Landgang entscheidet, hat ebenfalls zwei Optionen: einen sogenannten »individuellen Landgang« oder einen organisierten Ausflug. Beide Alternativen haben Vor- und Nachteile. Beginnen wir mit der organisierten Tour: Sie ist vom Veranstalter der Kreuzfahrt schon im Vorfeld ins Programm aufgenommen worden. Meist gibt es deshalb im Katalog oder auf der Reederei-Website genaue Informationen, welche Leistungen der Ausflug umfasst und welchen Schwie-rigkeitsgrad (längere Fußmärsche, steile Treppen, Kopfstein-pflaster etc.) man erwarten darf. Man kann diese Ausflüge auch schon im Vorfeld buchen. Für Kurzentschlossene gibt es aber meist auch noch eine Buchungsmöglichkeit an Bord (im Ausflugsbüro oder auch an elektronischen Buchungsterminals per Bordkarte), allerdings sind dann unter Umständen die beliebtesten Ausflüge schon »voll«. Weiterer Vorteil: Der Aus-flug wird bequem übers Bordkonto abgerechnet. Mit der guten Planbarkeit und Organisation geht aber leider auch Flexibilität verloren, denn das enge Zeitkorsett eines Kreuzfahrtschiffes lässt für Individualität wenig Spielraum: Wer einen Vormittagsausflug gebucht hat, hat nämlich die beruhigende Gewissheit, rechtzeitig zum Mittagessen wieder an Bord zu sein. Diese Gewissheit ist allerdings mit einem frühen Start – meist gegen 8 Uhr, teilweise auch früher – und mit einem äußerst straffen Zeitmanagement erkauft.

Etwas später starten in aller Regel die Ganztagesausflüge, denn sie sind nicht an die Mittagszeit an Bord gebunden. Manche bieten ein inkludiertes Mittagessen in einem Restaurant an Land an, manche nicht. Dann muss man sich vor Ort selbst versorgen, meist im Rahmen von »individueller Freizeit« nach anstrengender geführter Tour. Generell gilt: Spätestens zum Abendessen, meist aber schon zur Kaffeezeit, sind auch diese Ausflüge zu Ende. Am erholsamsten für Langschläfer ist sicherlich der Nachmittagsausflug. Oft wiederholt er das Vormittagsprogramm zu einem der touristischen Höhepunkte des Gastlandes. Er startet kurz nach dem Mittagessen und bringt die Reisenden rechtzeitig zum Abendessen wieder zurück, sodass der Gast keinesfalls eine der wichtigen Hauptmahlzeiten an Bord verpasst. Eine Toilettenpause ist in der Regel immer Bestandteil des Ausflugs.

Allerdings ist auch der bequeme Nachmittagsausflug nicht frei von Nachteilen: Meist sind die üblichen Touristenhighlights in der zweiten Tageshälfte deutlich überlaufener, und in sonnigen Regionen sind am Nachmittag die Temperaturen am höchsten. Übrigens: Alle Ausflüge werden zwar über die Reederei angeboten und pauschal abgerechnet, aber stets von lokalen Reiseveranstaltern abgewickelt. Demzufolge kann je nach Anbieter die Qualität sowohl des Busses oder Minibusses als auch des örtlichen Reiseleiters mitunter stark schwanken. Dass sich sowohl Reiseleiter als auch Busfahrer nach erfolgreicher Beendigung der Tour über ein Trinkgeld freuen, sei hier nur der Vollständigkeit halber erwähnt.

Bleibt noch der individuelle Landgang: Für ihn gelten keine starren zeitlichen Regeln, außer einer, und die ist zugleich die allerwichtigste: »Landgangsende« heißt tatsächlich »Alle Mann an Bord«, und zwar ohne Ausnahme. Denn in aller Regel wird dann die Gangway eingeholt, und pünktlich eine halbe Stunde später kommt der Befehl »Leinen los«. Wer dann erst abgehetzt an die Pier eilt, hat im wahrsten Sinne des Wortes das Nachsehen – und kann sich schon einmal überlegen, wie er auf eigene Kosten zum nächsten Anlegehafen des Schiffes gelangt. Das passiert leider öfter, als man denkt. Es empfiehlt sich daher auf jeden Fall, großzügige Zeitpuffer einzuplanen und vor dem Landgang die aktuelle Mobilnummer des Schiffes und des lokalen Reedereiagenten einzustecken. Falls es mal zeitlich eng werden sollte, kann man so zumindest Alarm schlagen – und vermeidet peinliche Durchsagen im ganzen Schiff wie »Ehepaar Meier aus Kabine 1122 – bitte melden Sie sich umgehend an der Rezeption«. Denn dank elektronischer Ein- und Ausgangskontrolle per Bordkarte weiß die Crew zu jedem Zeitpunkt in der Regel sehr genau (es sei denn, die Aus- und Einbuchung funktioniert einmal nicht wie gewohnt), wer an Bord ist und wer nicht.

Doch nun zu erfreulicheren Dingen: Wer seinen Ausflug individuell plant, bestimmt sein Programm und den Tagesrhythmus selbst – und erlebt auf eigene Faust womöglich mehr als auf ausgetretenen Touristenpfaden. Zudem kann man sicher sein, nicht auf Schritt und Tritt Dutzenden von Mitreisenden zu begegnen. Allerdings ist der Weg zum nächsten interessanten Ausflugsziel mitunter recht weit, und nicht immer gibt es einen kostengünstigen Shuttlebus oder öffentliche Verkehrsmittel. Dann bleibt oft nur das Taxi. Ganz luxuriös sind natürlich ein eigener Mietwagen oder gar eine Limousine mit Chauffeur, die teilweise auch über die Reederei gebucht werden können. Für welche Form man sich entscheidet, ist letztlich Typsache, mitunter entscheidend von den Sprachkenntnissen abhängig – und natürlich auch vom Geldbeutel.

Der bestimmt übrigens auch die übrigen Aktivitäten an Bord mit, denn die können sich ganz schön läppern, und zwar auch auf einem Schiff mit All-inclusive-Konzept. Klar, das Erinnerungsfoto mit dem Kapitän muss natürlich bezahlt werden. Und auch eine Anwendung im Spa-Bereich oder ein Besuch beim Friseur sind Extraleistungen, die folglich auch separat in Rechnung gestellt werden. Vieles aber kommt subtiler daher: ein spezieller Cocktail außerhalb der normalen (Inklusive-)Karte? Geht extra. Ein spezieller Fotokurs für den Filius? Geht extra. Der Fine-Dining-Abend vom Sternekoch im Spezialitätenrestaurant? Sie ahnen es bereits – er geht natürlich extra. Nicht zu vergessen die Bordshops mit ihren unwiderstehlichen Schnäppchenpreisen für Parfüm, Markenhandtaschen oder Accessoires für den Mann von Welt. Auch hier kommt die Quittung für exzessive Einkäufe spätestens mit der Bordkonto-Abrechnung …

Kostenfrei ist – im Gegensatz zu früher – immerhin die Benutzung von Sonnenliegen und Deckchairs. Ja, Sie haben

richtig gelesen: Diese musste man früher speziell und gegen Gebühr reservieren, und zwar für die gesamte Dauer der Reise. So streng waren damals die Sitten. Wo man gebucht hatte, da blieb man dann auch. So mancher dicke Zusatzobolus dürfte damals an den Decksteward für das Privileg geflossen sein, einen Liegeplatz neben der Dame des Herzens zu ergattern … Diese Zeiten sind längst vorbei, aber das Reservieren von Liegen in bevorzugter Poolnähe – heute nicht mehr mittels Namenskärtchen, sondern mithilfe von Handtüchern – hat weiterhin Tradition. Vielen Kreuzfahrtanbietern ist diese Praxis freilich ein Dorn im Auge. Manche geben Poolhandtücher nur noch gegen Handtuchmarke aus. Andere lassen von allen Liegen, die offensichtlich längere Zeit unbenutzt sind, die Handtücher entfernen.

Aber wie sah das Bordleben überhaupt in früheren Jahren aus? Reisen wir noch einmal kurz zurück in der Geschichte der Kreuzfahrt – direkt in das Premierenjahr 1891: Zu Albert Ballins Zeiten steckt die Bordunterhaltung naturgemäß noch in den Kinderschuhen. Gewiss, das kulinarische Angebot auf dem Hapag-Dampfer AUGUSTA VICTORIA ist ausgezeichnet, und die mitgebrachte kleine Bordkapelle (Innovation Nummer 1) bemüht sich nach Kräften um musikalische Unterhaltung zu jeder Tageszeit. Auch die regelmäßige Bordzeitung (Innovation Nummer 2) sorgt schon damals für Gesprächsstoff, auch wenn der Inhalt hauptsächlich aus Bordklatsch und Reiseinformationen besteht. Und die organisierten, aber auch schon damals separat zu bezahlenden Landausflüge (Innovation Nummer 3) liegen in der bewährten Hand des Reisebüros Thomas Cook und seiner Agenten vor Ort. Doch ansonsten bleibt die Freizeitgestaltung den Gästen zumeist selbst überlassen und beschränkt sich bei vielen auf Konversation, Briefeschreiben, Lesen, einen Spaziergang an Deck, das Ruhen im Liegestuhl oder ein Kartenspiel mit Gleichgesinnten (gern im Rauchsalon). Auch bei Wettbewerben im Sackhüpfen kann man die arrivierten Herren gelegentlich beobachten, ein aus heutiger Sicht geradezu kindisches Vergnügen.

Doch schon bald reicht ein solches Angebot natürlich nicht mehr aus. Mit dem Aufkommen des Kinos werden daher auch Filmvorführungen auf Schiffen geboten, meist zunächst im Salon der Ersten Klasse, denn einen eigenen Kinosaal besitzen die Schiffe damals selbstverständlich noch nicht. Auch Nobelpreisträger Thomas Mann wohnt Mitte der 1930er-Jahre einer solchen Vorführung bei – und fühlt sich im eleganten Fauteuil bei Drink und Zigarre wie in einem luxuriösen Kino an Land. Später kommt das Fernsehen hinzu, und die Kabinen erhalten entsprechende Geräte. Auf dem ZDF-Traumschiff MS DEUTSCHLAND stehen noch 2010 klobige Kästen in den Kabinen, erst in den darauffolgenden Jahren werden sie durch die längst üblichen Flachbildfernseher ersetzt. Heute hat der Kreuzfahrttourist Auswahl zwischen 20, 30 und mehr Fernsehprogrammen und etlichen Kinokanälen mit aktuellen Spielfilmen. Je nach Schiff bietet auch die bordeigene Bibliothek eine reiche Auswahl an Unterhaltungs- und Reiseliteratur – idealerweise zu maritimen Themen und zur gewählten Reiseroute.

Wichtig sind von Beginn an die Outdooraktivitäten – gerade bei Reisen in südliche Gefilde. Auf den glatten Teakholzplanken der Decks spielt man (bis heute) gern Shuffleboard – ein Spiel, das gerade bei höherem Seegang nicht ohne

*Shuffleboard-Markierung auf dem Teak-Deck*

überraschende Tücken ist. Auch das Geschicklichkeitsspiel Quoits – das Werfen von Ringen aus Tauwerk auf senkrechte Pflöcke, ein Relikt der Segelschiffzeit – erfreut sich in den Anfangsjahren großer Beliebtheit. Hinzu kommen bald Deck-golf (eine Art Minigolf) und Tenniscourts zwischen den Schorn-steinen – ringsum mit großen Netzen vor Ballverlust geschützt. Auch Golf-Abschläge mit Fangnetzen findet man schon bald auf Schiffen – die Vorläufer des heutigen Golfsimulators. Ebenso gibt es in der Liner-Ära Pferderennen an Bord. Natürlich nicht in echt, aber zumindest in einer improvisierten Variante mit kleinen hölzernen Pferden, die per Zufallsprinzip nach vorn geschoben werden und so auch das Wetten ermöglichen – ganz wie an Land. Heute ergänzen sogar ganze Basketball- und Fußballfelder das Sportangebot, und mancher Schiffsschorn-stein wird gern als breitflächige Kletterwand mit grandioser Aussicht genutzt.

Innenpools gibt es erst im zweiten Jahrzehnt des 20. Jahr-hunderts, die heute so geschätzten Außenpools sogar erst ab den 1930er-Jahren. Bis dahin behilft man sich mit großen Gummi-oder Segeltuchwannen, die auf dem Achterdeck aufgestellt und mit Meerwasser gefüllt werden. Diese »Billigvariante« ist noch bis weit nach dem Zweiten Weltkrieg bei poollosen Schiffen in wärmeren Gefilden äußerst beliebt. Zweiklassenschiffe haben lange Zeit sogar zwei Pools auf den Achterdecks – einen für die Erste und einen für die Zweite Klasse, denn auch beim Baden bleibt man selbstverständlich unter sich. Selbst auf einem Kombifrachter wie der CAP SAN DIEGO von 1962, die heute als Museumsschiff an der Überseebrücke in Hamburg liegt, wurde für lediglich zwölf First-Class-Passagiere ein eigener Swimmingpool eingebaut.

Inzwischen gibt es auf den großen Megacruisern ganze Wasserlandschaften mit riesigen Rutschen, die teilweise auch außenbords entlanggeführt werden und so für einen zusätzlichen Nervenkitzel sorgen. Es gibt Wasserbecken mit künstlich erzeugten Wellen, die das Surfen an Bord ermöglichen, und sogar Eisbahnen. Neueste Entwicklung auf dem Kreuzfahrtmarkt sind Außenpools, die sich mittels eines beweglichen transparenten Dachs bei Regen oder kalten Temperaturen in einen Innenpool verwandeln lassen. Dann bleibt das schlechte Wetter draußen – ganz so wie schon vor 100 Jahren, als die Schiffsbauer ihre Passagiere mit pompöser Innendekoration davon ablenken wollten, dass sie sich auf hoher See befanden.

# INNENKABINE
# ODER BALKONSUITE?
## Gut gebettet auf hoher See

Das Wort »Kabine« hat im Deutschen gleich mehrere Bedeutungen. Klar, es kann – und daran denken Kreuzfahrtgäste natürlich zuerst – der Wohn- und Schlafraum auf einem Fahrgastschiff sein. Oder gleich der gesamte Passagierbereich eines Flugzeugs. Es kann aber auch, wie der Duden akribisch festhält, »ein kleiner, abgeteilter Raum« gemeint sein. Etwa zum Aus- und Ankleiden, also im Sinne einer Bade- oder Umkleidekabine, oder auch für bestimmte Tätigkeiten, also zum Beispiel in Form einer Wahlkabine oder einer Telefonkabine im Internetcafé. Ähnlich ist es im Englischen: »Cabin« steht wahlweise für Kabine, Kajüte, Blockhütte (etwa im bekannten Roman »Onkel Toms Hütte«) oder auch für Fahrgastzelle (mit der Betonung auf Zelle).

Sie merken es schon: Ein üppiges Platzangebot zählt nicht unbedingt zu den hervorstechendsten Eigenschaften einer Kabine. Gewiss, auf aktuellen Schiffsneubauten gibt es mittlerweile ähnliche Platzverhältnisse wie in besseren Hotels an Land, also meist um oder sogar deutlich über 20 Quadratmeter für eine Doppelkabine. Da lässt es sich auf einer zweiwöchigen

Kreuzfahrt schon prima aushalten, zumal moderne Kabinen wahre Wunder der Raumökonomie sind. Das zeigt sich insbesondere in den Bädern: Trapezförmige Duschwannen, schräg gestellte Wände, viele Ablagemöglichkeiten und asymmetrisch geschnittene Waschbecken bewirken auf kleinster Grundfläche wirklich Verblüffendes, das selbst so manchen Wohnwagenbesitzer vor Neid erblassen lässt. Ähnliche Wunder versprechen die eingebauten Schränke und Kommoden: Schubladen nehmen Wäsche, Socken und Krimskrams auf, Smoking und Abendkleid finden Platz im deckenhohen Schrank, und die leeren Reisekoffer verschwinden elegant unter dem breiten Doppelbett. Der Schminktisch kann als Schreibtisch genutzt werden, das Sofa fallweise als Bett für einen dritten Mitreisenden. Deckenhohe Spiegel und helle Farben vergrößern den Raum optisch, sodass selten ein Gefühl von Enge aufkommt. Nur die baubedingt niedrigen Decken selbst kann auch der geschickteste Innenarchitekt nicht wegzaubern – lediglich mit hellen Farben und optischen Tricks elegant kaschieren.

Doch das sind Luxusprobleme. Weitaus unkomfortabler reisten selbst Erste-Klasse-Passagiere in der ersten Hälfte des 19. Jahrhunderts – in engen, dunklen Kabinen mit trübem Deckenlicht (Kerzen, Petroleum, später Gas), ohne Heizung und ohne fließendes Wasser. Krug und Waschschüssel mussten für die morgendliche Toilette genügen. Die ersten Raddampfer im Linienverkehr waren um die 1.000 Bruttoregistertonnen groß, besaßen also grob gerechnet ein Hundertstel der Tonnage eines modernen Kreuzfahrtriesen. Für den Antrieb sorgte eine asthmatische Dampfmaschine, die ihre Kraft auf zwei Schaufelräder links und rechts des Schiffsrumpfes übertrug. Lärm, Vibrationen sowie Rauch und Ruß aus dem Schornstein raubten den

Passagieren Atem, Schlaf und Komfort, wobei Letzterer auf den anfangs noch hölzernen Schiffen ohnehin nicht allzu groß war. Der Schriftsteller Charles Dickens unternahm mit seiner Frau im Jahr 1842 eine Transatlantikreise auf dem Cunard-Schiff BRITANNIA – und war von der mangelnden Bequemlichkeit an Bord so enttäuscht, dass er für die Rückreise nach England ein (auch nicht unbedingt bequemeres) Segelschiff wählte.

Da die Dampfmaschine der wichtigste Teil eines Dampfschiffes war, wurde ihr auch der meiste und beste Platz an Bord zugestanden: nämlich mittschiffs – also genau da, wo auch die Schiffsbewegung am wenigsten spürbar ist, weil sich hier die Drehachsen des Schiffes befinden. Für die Fahrgäste blieben somit nur der vordere oder hintere Bereich des Rumpfes übrig. Die zahlungskräftigen Erste-Klasse-Passagiere kamen dabei achtern, also im hinteren Teil, unter, wo es ebenfalls noch vergleichsweise ruhig ist. Diese Tradition reicht zurück bis in die Segelschiffära – denken wir beispielsweise an alte Piratenfilme: Hier haben stets der Kapitän und seine Offiziere die schönsten Quartiere direkt am Heck, das zudem meist reich verziert und gelegentlich sogar mit umlaufenden offenen Galerien versehen ist. Ein Musterbeispiel solcher maritimen Pracht kann man beispielsweise noch heute anhand der HMS VICTORY in Portsmouth besichtigen, dem Flaggschiff von Admiral Nelson. Auch heute gehören Balkonsuiten mit Blick auf das Achterdeck und die von den Schrauben aufgewühlte Hecksee zu den begehrtesten und teuersten Quartieren an Bord.

Für die Passagiere der unteren Klassen und auch die Mannschaft blieb im 19. Jahrhundert damit meist nur das Vorschiff – also der Bereich direkt hinter dem Bug, der sich bei bewegter See auf und ab stampfend durch die Wellen kämpft. Es dürfte ein Gefühl gewesen sein wie auf einer Achterbahnfahrt, die allerdings ohne Pause mehrere Tage lang andauert. Ein Aufenthalt in einem solchen Massenquartier bei Sturm mag man sich lieber nicht vorstellen. Wer es aber nachlesen will: Robert Louis Stevenson, der »Schatzinsel«-Autor, hat 1880 einen packenden Reisebericht (»Emigrant aus Leidenschaft«) über die Auswanderer im Zwischendeck eines britischen Dampfers geschrieben. Noch ein Wort zum übel beleumdeten Zwischendeck: Es war in der Tat zunächst ein zusätzliches provisorisches Deck, das in den Laderaum von Frachtseglern eingebaut wurde und somit die platzsparende Mitnahme einer menschlichen Fracht – also der Auswanderer in Richtung Nord- und Südamerika – erlaubte. Erst gegen 1900 verschwand diese Form des maritimen Massenquartiers zugunsten deutlich komfortablerer Mehrbettkabinen. Der beinharte Konkurrenzkampf im Auswanderergeschäft führte auch hier zu allmählichen Verbesserungen, bis zunächst das Zwischendeck und die Vierte Klasse und bald auch die Dritte Klasse aus den Schiffen verschwanden.

Trotz Stabilisatoren und zunehmender Größe der heutigen Kreuzfahrtschiffe ist die Kabinenwahl auch heute noch nicht nur eine Frage des Geldbeutels, sondern auch des persönlichen Wohlbefindens. Generell gilt: je weiter oben und je weiter weg von der Schiffsmitte, desto mehr Bewegung bei rauer See. Wer für Seekrankheit anfällig ist (gegen die man, nebenbei bemerkt, eine ganze Menge tun kann – von leichten Ingwerpräparaten über medizinische Pflaster und Reisetabletten bis hin zu schnell wirkenden Spritzen, die der Bordarzt jederzeit vorrätig hat), wählt daher am besten eine Kabine

*Korridor auf der MEIN SCHIFF 1*

mittschiffs auf einem der unteren Decks. Hier machen sich Stampfen, Rollen und Schlingern am wenigsten bemerkbar. Am besten wäre hier sogar eine Innenkabine in der zentralen Achse des Schiffes. Doch Innenkabinen sind wiederum nicht jedermanns Sache und erlauben zudem keinen freien Blick auf den Horizont, was die Seekrankheit fallweise verschärft. Und manchmal macht einem auch der Zufall einen Strich durch die Rechnung: Vor einiger Zeit erregte die Klage einer Kreuz-fahrtteilnehmerin Aufsehen. Sie hatte unverhofft für sich und ihren Mann ein kostenloses Kabinenupgrade erhalten. Doch die komfortable Suite ganz vorn auf einem der oberen Decks anstelle der gebuchten Balkonkabine mittschiffs war nichts für den schwachen Magen der Dame. Ihr wurde auf der Fahrt permanent übel, hinterher klagte sie gegen die Reederei und erhielt schließlich eine Reisepreisminderung von zehn Prozent.

Apropos Innenkabine: Sie gab es zu Dickens' Zeiten noch nicht, zumindest nicht für die Passagiere der Ersten Klasse. Sie logierten entweder in Deckshäusern, also in komfortablen einstöckigen Kajüten an Deck, oder aber in Quartieren direkt unter dem Achterdeck. Da die Schiffe anfangs recht schmal waren und noch über mehrere Jahrzehnte von Ferne aussahen wie Segelschiffe mit zusätzlich angeschraubtem Schornstein, gab es zumeist nur zwei Reihen von Kabinen – nämlich entlang der Backbord- und der Steuerbordseite des Schiffes. Zwischen ihnen befand sich ein langer und breiter Gang, der bei manchen Schiffen mit langen Tischen ausgestattet war und so zugleich als Speise- und Aufenthaltsraum diente.

Dieser war bei Cunards BRITANNIA zwar separat und ein Deck höher, fand aber dennoch nicht die Zustimmung von

Charles Dickens: »Ehe wir in die Räume des Schiffes hinabstiegen, mussten wir von Deck her durch ein langgestrecktes, schmales Gelass, nicht unähnlich dem Inneren eines gigantischen Leichenwagens, aber mit Fenstern, an dessen oberem Ende ein trostloser Ofen stand, woran sich drei oder vier fröstelnde Stewards die Hände wärmten.« Dickens empfand die Enge im Schiff wie eine »Giraffe im Blumentopf«. Auch die winzige Kabine fand nicht des Dichters Zustimmung: Er registrierte »eine schrecklich unpraktische, ganz und gar hoffnungslose und zutiefst lächerliche Schachtel« und glaubte zunächst an einen Scherz des Kapitäns, der ihm nach diesem Schock dann die eigentliche, höchst bequeme Kabine zeigen würde. Doch der vermeintliche Scherz war Realität.

Zugegeben: Dickens' Darstellung ist überspitzt und mäkelig. Doch sie hatte einen wahren Kern. Und selbst ein Vierteljahrhundert später hatte sich an der Unterbringung der Passagiere noch nichts Wesentliches geändert, lediglich die Einstellung des Verfassers war diesmal abgeklärter. So notierte Mark Twain 1867 anlässlich seiner Reise von New York ins Mittelmeer über seine Kabine: »Sie enthielt zwei Schlafkojen, ein trübes Deckenlicht, einen Ausguss mit einer Waschschüssel und eine lange, üppig gepolsterte Truhe, die teils als Sofa und teils als Versteck für unsere Sachen dienen sollte. Trotz aller dieser Einrichtungsgegenstände war noch genügend Raum darin, um sich umzudrehen.«

In den folgenden Jahrzehnten jedoch ist die technische Entwicklung rasant. Auf Eisen- folgen Stahlschiffe, Schrauben ersetzen den weniger effektiven Schaufelradantrieb, ab Ende des 19. Jahrhunderts sind dann bereits Doppelschraubendampfer

Stand der Technik. Sie sind nicht nur wendiger, sondern können auch bei Verlust oder Beschädigung einer Schraube oder dem Versagen einer Dampfmaschine problemlos weiterfahren. Es ist zugleich die beginnende Ära der berühmten riesigen »Vierschornsteindampfer«, die noch heute unser Bild von den klassischen Luxuslinern (hier stimmt dieser Ausdruck) prägen. Die brandneue KAISER WILHELM DER GROSSE des Norddeutschen Lloyd gewinnt 1897 das »Blaue Band« für die schnellste Atlantiküberquerung. Zehn Jahre lang bleibt es in deutscher Hand, bis die britische Cunard Line mit den turbinengetriebenen und nun mit vier riesigen Schrauben ausgestatteten Superdampfern LUSITANIA und MAURETANIA eine neue Ära einleitet. Mit rund 30.000 Bruttoregistertonnen sind sie bereits damals deutlich größer als das langjährige ZDF-Traumschiff MS DEUTSCHLAND (Baujahr 1998, 22.500 BRZ).

Mit der immer besseren Schiffstechnik steigt auch der Komfort: Dampfheizung, elektrisches Licht und eigene Badezimmer (ab 1881), Fitnessraum (ab 1911) und Innenpool (ab 1913) sind nur einige Beispiele. Aufzüge ersparen zumindest den Erste-Klasse-Passagieren bald das mühsame Treppensteigen, Rauchsalons und Schreibzimmer bieten angenehme Rückzugsmöglichkeiten.

Allerdings: Mit den heutigen Balkonkabinen oder Suiten sind selbst die First-Class-Kabinen des Kreuzfahrt-Premierenschiffes AUGUSTA VICTORIA von 1891 und ihrer Nachfolgebauten nicht vergleichbar. Für unsere modernen Vorstellungen wirkt das damalige Luxusschiff sogar geradezu beengt: Gerade einmal sechs Quadratmeter messen die Doppelkabinen, die mit übereinanderliegenden Betten wie in einem

Pullmann-Schlafwagen ausgestattet sind. Notfalls wird ein schmales Sofa sogar noch zum Schlafplatz für eine dritte Person. Jede Kabine bietet Dampfheizung, elektrisches Licht und ein Waschbecken mit fließendem Wasser, doch Toilette und Bad müssen sich – wie auch in Grandhotels dieser Epoche noch durchaus üblich – mehrere Fahrgäste teilen. Ein Badesteward teilt die Badezeiten für warme Wannenbäder in klarem Seewasser jeweils gewissenhaft zu.

Doch innerhalb weniger Jahre werden die Kabinen zusehends luxuriöser und größer, mitunter geradezu verschwenderisch. Alte Fotos der TITANIC und ihrer Schwesterschiffe zeigen die Pracht und Opulenz einer ganzen Epoche, die sich ungehindert der verschiedensten Stile bediente: Neorenaissance, Neobarock, Altflämisch, Louis XIV., Louis XVI., Empire … Und die berühmte große Freitreppe zum Erste-Klasse-Salon der TITANIC, die in David Camerons gleichnamigem Filmepos Leonardo DiCaprio seinen großen Auftritt ermöglicht, wird schon bald zum häufig kopierten Stilvorbild für viele Generationen von Kreuzfahrtschiffen. Denn, mal ehrlich: Wer möchte auf seiner Traumreise nicht einen ebenso glamourösen Auftritt hinlegen wie der Hollywoodstar?

Allerdings: An eine Klimatisierung der Kabinen und Gesellschaftsräume ist zu Zeiten der TITANIC noch nicht zu denken, obwohl die Schiffe bereits Kühlräume für leicht verderbliche Lebensmittel mit sich führen. Für frische Luft unter Deck sorgen daher einzig Bullaugen und Dutzende von riesigen Lufthutzen. Das funktioniert auf der Nordsee und dem mitunter eisigen Nordatlantik leidlich gut, nicht aber in wärmeren Regionen wie dem Mittelmeer oder der Karibik. Daran können

*Nachbau einer Erste-Klasse-Kabine der TITANIC*

auch die bald eingeführten elektrischen Ventilatoren nicht viel ändern, da sie die Luft zwar umwälzen, aber nicht kühlen. Das Klimatisierungsproblem bleibt über viele Jahre und Jahrzehnte bestehen, insbesondere auf der wochenlangen Schiffspassage von Europa nach Indien, Ostasien oder Australien via Suezkanal und Indischem Ozean.

Der »rasende Reporter« Egon Erwin Kisch hat Mitte der 1930er-Jahre eine solche strapaziöse Fahrt durch die Tropen bildhaft beschrieben: »Beklemmend heiß ist es auf dem Promenadendeck; da unten aber, vier Stockwerke tiefer, wo die Passagiere der Tourist-Class zu viert in einem Kabinenloch hausen, da unten aber ist's fürchterlich. Deshalb schleichen die Tourists die ganze Nacht, ein Kissen unter dem Arm, in höheren Regionen umher; sie versuchen bald im Liegestuhl an Deck, bald auf dem Parkett des Rauchzimmers zu schlafen, meist vergeblich. Man verträgt keine Decke, nicht einmal eine leinene. Schon der Badeanzug, den man tagsüber trägt, ist wie ein Pelzmantel.« Erst mit einer leistungsfähigen Klimatisierung von Gesellschaftsräumen (etwa ab den 1940er-Jahren) und Kabinen (ab Mitte der 1960er-Jahre) werden auch lange Reisen in tropischer Hitze erträglich. Selbst

*Egon Erwin Kisch*

93

die elegante Caronia, die für Cunard Luxusweltreisen unternimmt, bekommt erst 1956 eine Klimaanlage spendiert.

Bis dahin behilft man sich damit, den Schiffen für wärmere Gefilde einen weißen oder zumindest hellen Farbanstrich zu geben – wie er auch heute noch das auffälligste Merkmal der meisten Kreuzfahrtschiffe ist. Weiß ist zwar anfälliger gegen Schmutz, und auch die überall auf Hochseeschiffen entstehenden Rostflecken sind hier viel deutlicher zu sehen als auf den zumeist schwarzen Rümpfen der klassischen Nordatlantikliner. Aber die helle Farbe reflektiert das Sonnenlicht besser und verhindert damit ein noch stärkeres Aufheizen der stählernen Schiffswände. Reiseprofis früherer Jahrzehnte wussten sich außerdem selbst zu helfen und wählten stets eine Kabine auf der sonnenabgewandten Seite, also auf dem Weg von Europa in Richtung Asien die Backbord- und auf dem Rückweg die Steuerbordseite. Ihr Buchungsverhalten fand letztlich sogar Eingang in den allgemeinen Sprachgebrauch: Der englische Begriff »posh« (nobel, piekfein) ist eine Abkürzung des damals allfälligen guten Ratschlags »Port Out, Starboard Home«.

Weniger »posh« bleibt nach unserem heutigen Geschmack noch lange Zeit die sanitäre Ausstattung der Schiffe. Noch bis in die 1960er-Jahre hinein besitzt nicht jede Kabine ein eigenes Badezimmer und natürlich auch keine eigene Toilette, zumindest nicht in den unteren Klassen. So erklärt sich, dass wenig genutzte Oceanliner in jener Epoche nicht einfach in Kreuzfahrtschiffe umgewandelt werden können – oder erst kostspielig umgebaut werden müssen. Manches Schiff endete deshalb vorzeitig unter dem Schneidbrenner. Auch moderne Entsalzungsanlagen sind zunächst noch unbekannt. Während heute auf jedem Kreuzfahrtschiff das Süßwasser aus Meerwasser hergestellt werden kann und den Gästen dann in (fast) unbegrenzter Menge zur Verfügung steht, musste es in früheren Tagen in großen Tanks mitgeführt werden und war daher äußerst kostbar. Es durfte keinesfalls verschwendet werden, da erst im nächsten Hafen die Vorräte wieder aufgefüllt werden konnten.

Fürs gemütliche warme Vollbad stand daher lange Zeit ausschließlich Salzwasser zur Verfügung – also gefiltertes Seewasser, das außerhalb der schmutzigen Häfen an Bord gepumpt und je nach Bedarf erwärmt wurde. Wer heute beispielsweise – wie der Autor dieser Zeilen – eine Nacht auf dem ehemaligen britischen Oceanliner QUEEN MARY (Jungfernfahrt 1936) verbringt, freut sich noch heute im Art-déco-Badezimmer der Luxussuite über die Wasserhähne mit der Aufschrift »Hot Salt« und »Cold Salt«, also für heißes und kaltes Salzwasser. Sie sind allerdings längst außer Betrieb, denn das Schiff liegt schon seit mehreren Jahrzehnten als Museums- und Hotelschiff fest vertäut im kalifornischen Long Beach. Immerhin: Die beiden anderen Hähne für »Hot Fresh« und »Cold Fresh«, also für Süßwasser in der gewünschten Temperatur, funktionieren einwandfrei – auch wenn das Wasser heute von Land aus an Bord gepumpt wird.

Der Lübecker Nobelpreisträger Thomas Mann ist jedenfalls 1934 noch ganz in seinem Element, als er über das morgendliche Wannenbad notiert: »Bei dem klebrigen, leicht faulig duftenden Bade in warmem Meerwasser am Morgen, das die Haut mit Salz imprägniert und das ich sehr liebe, ist es angenehm zu denken, dass man im Schlaf über Nacht wieder ein gutes Stück Unabsehbarkeit aufgerollt hat.«

Auseinanderrollen, auslüften und mitunter aufbügeln lassen muss der Schiffspassagier an Bord in der Regel auch zunächst einmal seine Garderobe. Denn aus dem Koffer zu leben – das kann sich über viele Jahrzehnte kein Erste-Klasse-Passagier ernsthaft vorstellen. Man reist schließlich standesgemäß, und zwar mit großem Gepäck! So erklärt es sich, dass der erste Abend an Bord eines Oceanliners stets im Reisekleid oder Straßenanzug verbracht wurde, keinesfalls schon in Abendkleid und Smoking. Denn die mussten vom Steward ja erst einmal aufgebügelt werden, um dann am zweiten Abend den eleganten und faltenfreien Auftritt zu garantieren. Wer heute historische Schwarzweißfotos vom Anbordgehen der Erste-Klasse-Passagiere betrachtet, staunt über die Menge des Gepäcks: riesige Schrankkoffer, Unmengen kleinerer Kabinenkoffer, Reisetaschen, Schmuckkassetten, Hutschachteln … Wer in früheren Jahrzehnten auf Reisen ging, nahm mitunter seinen halben Hausstand mit. Das Gepäck des Duke of Windsor (des abgedankten britischen Königs Eduard VIII.) und seiner Gattin Wallis Simpson betrug angeblich jedes Mal mehr als 100 Koffer. Und noch heute quillt der Hartschalenkoffer von manchem Pauschaltouristen förmlich über, nach dem Motto: Lieber zu viel mitnehmen als zu wenig.

Doch an Bord auswählen musste auch schon der Passagier vor über 100 Jahren: Was nicht aktuell gebraucht wurde, blieb zunächst im Schrankkoffer (auch Überseekoffer genannt) – und der wurde anschließend mühsam im Gepäckraum des Schiffes verstaut. Wollte man etwas herausholen, konnte man dies nur zu genau festgesetzten Öffnungszeiten tun. Die Wäsche für den täglichen Bedarf fand daher klugerweise im Kabinenkoffer Platz. Er war – der Name deutet es bereits an – klein genug, um in der Kabine zu bleiben. Noch heute verstaut der gewiefte Kreuzfahrttourist – ganz wie schon zu Dickens' oder Mark Twains Zeiten – seinen Hartschalenkoffer unter dem Bett der Kabine, das zu diesem Zweck stets auf hohen metallenen Füßen steht. Raumökonomie ist auch hier oberstes Gebot.

Da ein Schiff nicht beliebig in die Höhe wachsen kann, ohne instabil zu werden, ist die Deckenhöhe auf den einzelnen Decks meist recht knapp kalkuliert. Statt Hängeleuchten gibt es daher in den Kabinen fest eingebaute Strahler und außerdem zwei weitere wichtige Einbauteile an der Decke: den Rauchmelder und den Sprühkopf der Sprinkleranlage. Letzterer ist mit besonderer Vorsicht zu genießen. Zerbricht das bunte Glasröhrchen in der Mitte (es wird von Leuten berichtet, die den Sprinklerkopf als praktischen Kleiderhaken missbraucht haben), wird in Windeseile die Kabine unter Wasser gesetzt. Ähnlich kapriziös ist der Rauchmelder – einen Alarm auszulösen beschert nicht unbedingt Freunde unter Besatzung und Kabinennachbarn. Rauchen ist auf Kreuzfahrtschiffen aus gutem Grund längst nicht mehr gestattet (von wenigen Raucherbereichen oder der Zigarrenlounge einmal abgesehen), schließlich gilt Feuer an Bord als der gefährlichste Feind. Zahlreiche berühmte Passagierschiffe früherer Tage gingen durch Brände verloren – von der MORRO CASTLE über die NORMANDIE, BREMEN und ANTILLES bis hin zur QUEEN ELIZABETH, als sie gerade in Hongkong zur schwimmenden Universität »Seawise University« umgebaut wurde.

Zur obligatorischen weiteren Sicherheitsausrüstung auf jeder Kabine gehören Rettungswesten in entsprechender Anzahl, die zumeist im Schrank aufbewahrt werden. Reisen Kinder mit, kann man für sie beim Steward oder an der Rezeption auch Exemplare in entsprechend kleineren Größen ordern. Meist an der Tür hängt auch ein Rettungsplan, der den Weg zum nächstgelegenen Sammelpunkt bzw. Rettungsboot anzeigt. Es schadet nicht, sich den Weg gleich zu Beginn der Reise genau einzuprägen – spätestens bei der gesetzlich vorgeschriebenen Rettungsübung muss man ihn ohnehin zurücklegen. Diese muss übrigens verpflichtend JEDER Gast mitmachen. Also auch solche, die das Schiff von vielen Fahrten schon in- und auswendig kennen.

Noch einmal zurück zum Thema Innen- und Außenkabine: Erstgenannte sind heute nur noch schwer verkäuflich, denn fast jeder Gast will freie Sicht aufs Meer und am liebsten auch einen Balkon. Eine Ausnahme bilden allenfalls Nordlandkreuzfahrten im Sommer, wo die Mitternachtssonne durchs Kabinenfenster scheint und das Einschlafen erschwert. Doch die Reedereien folgen dem Kundenwunsch – Neubauten haben in der Regel bis zu 90 Prozent Außen- oder gar Balkonkabinen. Auf früheren Oceanlinern wie der QUEEN ELIZABETH 2 mussten sie noch mühsam nachgerüstet werden, und auf der – ursprünglich bewusst balkonlos gebauten – ehemaligen DEUTSCHLAND behalf man sich schließlich mit dem Einbau französischer Balkone auf dem Admiralsdeck. Eine teure Notlösung. Doch selbst Innenkabinen sind heute längst nicht mehr die fensterlosen Gelasse früherer Tage – auf Megacruisern bieten sie manch interessante Blicke aufs pompöse mehrstöckige Atrium in der Schiffsmitte. Und auch Außenkabine ist nicht gleich Außenkabine: Auf den unteren Decks haben sie zumeist nur Bullaugen oder kleinere Fenster, die sich – aus gutem Grund – nicht öffnen lassen. Schließlich soll ja nicht gleich die erstbeste Welle hineinschwappen. Lediglich auf den Balkonkabinen auf den oberen Decks, die weit genug vom Wasser entfernt sind, ist somit Frischluftgenuss möglich. Achten sollte man bei der Buchung allerdings auch hier auf das Kleingedruckte: Ist von »Sichtbehinderung« die Rede, kann vor dem Fenster schon mal ein ausgewachsenes Tenderboot hängen.

Üppiger in den Platz- und Sichtverhältnissen fallen in der Regel die Suiten aus, die es in den unterschiedlichsten Ausprägungen (Balkonsuite, Spa-Suite mit Whirlpool, Eignersuite, doppelstöckiges Duplexapartment) gibt. Je nach Reederei und Preislage sind dann auch weitere Annehmlichkeiten wie Butlerservice, freie Restaurantwahl oder kostenlose Minibar-Benutzung im Paket mit drin. Allen Kabinen und Suiten gemein ist, dass sie in der Regel ein Bad mit WC und Dusche besitzen, in den höheren (und teureren) Kategorien gern auch mit Badewanne oder sogar mit Dampfsauna und Whirlpool. Ein Telefonapparat ist immer dabei, allerdings sind die Gebühren für Gespräche mit den Daheimgebliebenen wegen der nötigen Satellitenverbindung extrem teuer, auch WLAN ist häufig kostenpflichtig. Schrankflächen sind meist ausreichend vorhanden, nicht jedoch immer genügend Bügel. Diese kann man aber notfalls beim Steward zusätzlich ordern. Auch Steckdosen sind meist Mangelware, sodass gewiefte Kreuzfahrtgäste gern ein eigenes Verlängerungskabel mit Mehrfachsteckdose mitbringen. Bei Schiffen ausländischer Reedereien ist meist auch noch ein Adapter erforderlich. Allerdings: Eigene Elektrogeräte jenseits von Rasierer, Smartphone, Kamera und Laptop sind nicht gern gesehen. Ein No-Go sind eigene Bügeleisen oder Tauchsieder – wegen der schon erwähnten möglichen Brandgefahr. Manche Reedereien (z. B. TUI Cruises) bieten aber auf ihren Kabinen eigene Kaffeemaschinen an.

Wer sich über die niedlichen Relings an den Regalbrettern und an der Badablage wundert – diese sind nicht etwa Zierde oder maritime Folklore, sondern verhindern bei starkem Seegang ein Selbstständigmachen der dort abgestellten Gegenstände. Auch Hocker und Sessel haben meistens rutschhemmende Füße, und die Türen kann man in der Regel mithilfe sinnreicher Schnappscharniere auch in geöffneter Stellung fixieren. Das ist schon deswegen praktisch, weil jeden Morgen die Stewards mit ihrem ausladenden Rollwagen hereinkommen und in Windeseile die Kabine putzen.

Noch ein kurzer Hinweis zur Kabinentür: Sie ist nicht einfach nur die Pforte zum privaten Rückzugsort des Kreuzfahrtgastes, sondern erfüllt häufig auch einen kommunikativen Zweck im Sinne eines Briefkastens: Landausflugstickets, Cocktaileinladungen, die tägliche Bordzeitung oder auch das tägliche Bordprogramm werden gut sichtbar an sie angeklemmt oder bequem unter ihr durchgeschoben – sofern die Unterlagen nicht gleich vom aufmerksamen Personal nach dem Aufbetten zusammen mit einem Täfelchen Schokolade gut sichtbar auf dem Bett platziert werden.

Zum Schluss noch ein kleiner, kostengünstiger Tipp des Autors für alle, die in der Kabine stets den Überblick über die Flut von täglich gedruckten Bordprogrammen, Stadtplänen, Landausflugstickets, Postkarten, Fotos vom Bordfotografen

*Admiralsdeck auf der MS DEUTSCHLAND*

etc. behalten wollen: Einfach von zu Hause einen Schnellhefter mitbringen, der mit ausreichend leeren Klarsichthüllen gefüllt ist – mindestens einer pro Reisetag. So lassen sich dort bequem die ganzen Bordunterlagen chronologisch geordnet einschieben, und nichts geht in irgendeiner Kabinenschublade verloren. Das verlangt zwar ein wenig Disziplin, kostet aber höchstens eine Minute pro Tag. Dafür hat man am Ende der Reise eine bereits fix und fertige Mappe mit den schönsten Reisesouvenirs, in der auch die Daheimgebliebenen sofort blättern können.

# BUFFET ODER BUTLER?
Service und Restaurants an Bord

Wie liefert man den verwöhnten Gästen an Bord jeden Morgen frische Eier und frische Milch – auch wenn man sich tage- oder gar wochenlang auf See befindet? Mit der modernen Kühltechnik ist das heute natürlich kein Problem mehr, und folglich biegen sich heutzutage die Buffets unter der täglichen Last der kulinarischen Köstlichkeiten. Doch in den Anfangsjahren der Passagierschifffahrt sah dies noch anders aus – wie schon Jahrhunderte zuvor. Da bestimmten Schiffszwieback und Salzfleisch den Speiseplan, und in die Becher der Seeleute kam entweder fauliges Wasser oder fauliges Wasser mit einem Schuss Rum. Frische Lebensmittel gab es lediglich am Anfang einer Reise, und mit jedem Tag wurde der Speiseplan eintöniger.

Samuel Cunard, Atlantikpionier und 1840 Gründer der nach ihm benannten Cunard Line, will seinen Passagieren von Anfang an Besseres bieten. So nimmt er nicht nur Hühner mit an Bord, die täglich frische Eier liefern. Nein, in einem eigenen Stall an Deck steht auch eine Kuh und spendet jeden Tag frische Milch. Berichten zufolge ist es allerdings auf jeder Reise eine andere Kuh, da sie jeweils kurz vor Ende der Überfahrt geschlachtet wird und so den Reisenden zum Farewell Dinner Rinderbraten und frisches Roastbeef beschert. Auch bei den Getränken lässt sich Cunard nicht lumpen: Rotwein (Claret), Brandy und Whisky stehen auf der Karte – und werden gern getrunken. Auch VIP-Passagier Charles Dickens hält sich 1842 während einer stürmischen Atlantiküberquerung bevorzugt an die alkoholischen Getränke …

Denn häufig genug trübt schlechtes Wetter den lukullischen Genuss. So beobachtet schon Dickens amüsiert, dass beim abendlichen Dinner die Plätze an den Türen stets die begehrtesten sind und dass sich bei aufkommendem Seegang immer mehr Mitreisende vom Tisch erheben, um an Deck »ein wenig Luft zu schnappen«. Andere vermuten gar einen faulen Trick der Reederei, der darin besteht, sich das Essen zwar pauschal im Voraus bezahlen zu lassen, um es dann wegen Seekrankheit der Passagiere nicht liefern zu müssen. Der humoristische britische Schriftsteller Jerome K. Jerome, bekannt durch seinen Buchklassiker »Drei Männer in einem Boot«, nimmt die darin beschriebene chaotische Themse-Bootsfahrt zum Aufhänger für folgende Erzählung über einen leidgeprüften Dampferpassagier in rauer See:

»Um sechs wurde ihm mitgeteilt, das Abendessen sei fertig. Die Ankündigung rief bei ihm zwar keine Begeisterungsstürme hervor, aber er fand, dass er etwas von den zwei Pfund und fünf Shilling abarbeiten sollte, also hangelte er sich an Seilen und anderen Gegenständen entlang und ging nach unten. Am Fuß der Treppe empfing ihn der leckere Duft von Zwiebeln und heißem Schinken vermischt mit dem von Bratfisch und Gemüse. Der Steward kam mit öligem Lächeln auf ihn zu und fragte: ›Was darf ich Ihnen bringen, Sir?‹ – ›Bringen Sie mich hier raus‹, war die kraftlose Antwort. Man schaffte ihn eilig wieder nach oben, lehnte ihn über die leerseitige Reling und ließ ihn da hängen.«

Heutzutage wird kein Kreuzfahrtgast hängen gelassen, denn gutes Essen auf See gehört untrennbar zu einer Luxuskreuzfahrt dazu und trägt entscheidend zur Zufriedenheit an Bord bei. Doch bis dahin war es ein weiter Weg. Solange Schiffe der reinen Personenbeförderung und nicht ausschließlich dem Vergnügen dienten, war das Essen von wechselnder Qualität. Erstklassiges gab es allenfalls in der Ersten Klasse, und schon in der Zweiten Klasse konnten die Speisen mitunter drittklassig sein: Robert Louis Stevenson, der »Emigrant aus Leidenschaft«, notiert anlässlich einer Atlantiküberquerung in der Zweiten Klasse ernüchtert: »Ich selbst ernährte mich fast ausschließlich von Brot, Porridge und Suppe.« Mittags gibt es zusätzlich aufgeschnittenen Braten oder gekochtes Pökelfleisch von höchst unterschiedlicher Qualität – einmal kommt es wegen des ungenießbaren Essens zu einer kollektiven Beschwerde auf dem angrenzenden Zwischendeck. Durch einen Zufall wird Stevenson verdächtigt, der Urheber zu sein, kann diesen Vorwurf aber rasch ausräumen und ist von da an der erklärte Liebling der Stewards. Immer wieder stecken sie ihm einige Extrahappen und Obst zu, das sie von den Vorräten der Ersten Klasse abzweigen. Auch Pasteten und kalte Hühnerbeine, ganz offenkundig Überreste der Erste-Klasse-Dinners, wandern häufiger auf Stevensons Teller.

Mit Albert Ballins Erfindung der Kreuzfahrt 1891 ändert sich das grundlegend: Wer viel Geld für eine Seereise rein zum

*Trompeter auf der MONTE SARMIENTO*

Vergnügen bezahlt, soll dafür auch opulent speisen können. Und das tun seine Gäste dann auch: Verwundert hält der Reedereimanager fest, dass die Reisenden Kaviarbrötchen in solchen Mengen verzehren, »als ob sie dafür bezahlt werden«. Gutes Essen gehört fortan – zumindest in der Ersten Klasse – zum guten Ton. Wie das Bordleben auf einem der ersten reinen Kreuzfahrtschiffe – der METEOR der Hapag – im Jahr 1913 aussah, schildert der Schriftsteller Gorch Fock in seiner Erzählung »Hornsriff« anlässlich einer Norwegen-Reise. Damals wurden die Reisenden noch von einem Bordtrompeter geweckt und auch zum Essen gerufen:

»Mit der gleichgültigen Miene eines Weltenbummlers betrat ich nach dem zweiten Trompetensignal den Speisesaal und schritt über den weichen Teppich auf meinen Tisch zu.

Der erste Tischsteward hatte meinen Stuhl schon gedreht, ich ließ mich gleichmütig nieder, indem ich meine Nachbarschaft freundlich und wohlerzogen begrüßte, breitete die Serviette nach Tanzstundenvorschrift über die Knie, schrieb eine halbe Oppenheimer auf, ließ die Blicke über die Speisekarte wandern und hielt das Glas gegen das Licht, als ob ich wirklich etwas von Wein verstünde. Ich ließ mich von meiner Nachbarin in ein Gespräch über Nietzsche hineinziehen und blickte dabei über den glänzenden Speisesaal, der mit seinen weißen Wänden, dem schimmernden Silber, dem rotverhängten Lampenlicht, den far-benfrohen natürlichen und künstlichen Blumen, den lachenden australischen Äpfeln, den dunkelroten spanischen Orangen, dem funkelnden Wein und dem perlenden Sekt wirklich vergessen ließ, dass wir 30 Faden Wasser unter uns hatten und auf der grauen Nordsee schwammen. Tafelmusik fehlt uns natürlich auch nicht. Lohengrin spielen sie. Leise hebt und senkt sich unser Schiff, wiegt und schwingt uns wie in Schlaf und Traum.«

Steifer geht es kaum. Der große zentrale Speisesaal mit seinen langen Tischreihen und seinen am Boden festgeschraub-ten Drehstühlen, wie Gorch Fock ihn hier beschreibt, war zu diesem Zeitpunkt allerdings schon ein Auslaufmodell. Denn auch schon vor dem Ersten Weltkrieg sind Einheitsmenü und starre Tischordnung mit festen Tischzeiten nicht bei jeder-mann geschätzt. Auch hier bietet die Hapag als erste Reederei Abwechslung. Einmal mehr ist es der visionäre Albert Ballin, der dabei die Richtung vorgibt. Auf seinem mittelgroßen Ocean-liner Amerika (1909) testet er unter dem prestigeträchtigen Namen »Ritz-Carlton« das Konzept eines exquisiten À-la-carte-Restaurants. Wenn die Passagiere schon so komfortabel wohnen wie in einem Luxushotel an Land, dann sollen sie auch genauso gut essen dürfen! Und obwohl die First-Class-Gäste ihre Menüs fortan noch einmal extra bezahlen müssen, schlägt das Konzept sofort ein. Dies lag damals nicht zuletzt am Küchenchef – denn der gewiefte Geschäftsmann Ballin hatte für diesen Job keinen geringeren als Auguste Escoffier gewonnen, den internationalen Starkoch seiner Zeit.

Auch auf anderen Schiffen kommt das Konzept von legerem Luxus gut an – nicht zuletzt auf der TITANIC. Dort tummeln sich vor allem die jüngeren Passagiere gern im »Café Parisien«, das schon mit seinen leichten Rattanmöbeln französische Leichtigkeit und Bohème-Flair verheißt. Heute sind es legere Buffet-Restaurants, die so manch schüchternem potenziellen Kreuzfahrtgast die Scheu vor dem Urlaub auf See nehmen. Und selbst die großen Restaurants sind längst nicht mehr so steif wie früher. Freie Tischwahl ist auf etlichen Schiffen auch abends üblich – und falls man eben doch einen festen Tisch zugewiesen bekommt, kann man (falls Platzierung oder Tischnachbarn nicht behagen) am nächsten Tag immer noch den Restaurantchef um einen anderen Tisch bitten.

Albert Ballin überträgt seinerzeit das erfolgreiche Konzept eines Luxusrestaurants auf See auch auf andere Liner wie das absolute deutsche Vorzeigeschiff jener Epoche, den mehr als 50.000 Bruttoregistertonnen großen IMPERATOR. Auch heute noch sind es Spitzenköche aus der internationalen Gastronomie und Hotellerie, die den Menüs an Bord Glanz verleihen und mit Ablegern ihrer Restaurants an Land so manchen Kreuzfahrtpassagier auf eine maritime Gourmetreise locken. In kulinarischem Maßstab wird dann auch hier das Schiff zum Reiseziel, das Bordrestaurant zum Anlauf- und

Höhepunkt eines langen Kreuzfahrttages. Auch viele andere Dinge, die wir heute in Restaurants auf Kreuzfahrtschiffen kennen und schätzen, gehen auf Ballins Zeiten zurück: intime Zweier- oder Vierertische, bequeme Stühle (die nicht mehr am Boden festgeschraubt sind wie die Drehstühle in den Speisesälen der alten Oceanliner, aber zumindest rutschfest sind), variable Tischzeiten und eine Auswahl an Speisen und Getränken, die ihresgleichen sucht. Kreuzfahrten und luxuriöses Essen gehören seit jenen Tagen zusammen, auch wenn es bis heute immer einmal wieder Ausreißer gibt: Seien es nun Billigkreuzfahrten (»No frills« – was so viel bedeutet wie »kein Schnickschnack«) oder auch Buffet-Restaurants, wo immer wieder Masse vor Klasse kommt.

Denn es gibt natürlich stets auch die Kreuzfahrt unterhalb der Fünf-Sterne-Plus-Kategorie. Selbst in den angeblich

*Buffet auf der MEIN SCHIFF 1*

goldenen 1920er-Jahren ist daher schon nicht alles Gold, was glänzt – und bei preisbewussten Kreuzfahrtgästen kommt dann auch gern mal solide Hausmannskost auf den Teller. So listet die Speisekarte der MONTE SARMIENTO (Reederei Hamburg Süd, einheitlich Dritte Klasse) für den 29. Mai 1928 zum Frühstück (ab 5.45 Uhr!) Folgendes auf: Schwarzbrot, Weißbrot, Graubrot und Rundstücke (d. h. Brötchen), dazu Butter und Kirschmarmelade sowie Hafergrütze in Milch, außerdem weichgekochte Eier oder Rühreier. Ähnlich rustikal und auf gutem Jugendherbergsstandard das Abendessen: Zwiebelfleisch mit Salzkartoffeln und Rote Beete, außerdem drei Sorten Brot mit Aufschnitt und Holländer Käse; als Getränk dazu wird Tee gereicht.

HAMBURG-SÜDAMERIKANISCHE
DAMPFSCHIFFFAHRTS-GESELLSCHAFT

**Doppelschrauben-Motorschiff „MONTE SARMIENTO"**

Dienstag, den 29. Mai 1928.

# Speisenfolge

### Frühstück: ab 5.15 Uhr
Kaffee, Tee, Milch
Schwarzbrot, Weißbrot, Graubrot, Rundstücke
Butter — Kirsch-Marmelade
Weichgekochte Eier oder Rühreier
Hafergrütze in Milch

### Für Ausflügler
Proviant-Tüten

### Mittagessen 13.00 Uhr
Minestra
Hochrippe englisch, junge Karotten
Kartoffeln
Nußcreme-Speise, Fruchttunke

### Nachmittags 15.30 Uhr
Kaffee, Tee, Milch
Zuckerstreifen

### Abendessen 20.00 Uhr
Zwiebelfleisch mit Salzkartoffeln
Rote Beete
Verschiedener Aufschnitt — Butter
Holländer Käse
Schwarzbrot, Weißbrot, Graubrot
Tee

*Speisekarte der MONTE SARMIENTO*

Am oberen Ende des Angebots stehen aber weiter absolute Luxusschiffe wie die französische NORMANDIE von 1935: Ihr Speisesaal der Ersten Klasse geht über drei Decks und ist fast 90 Meter lang – eine Kathedrale des kulinarischen Genusses. Atemberaubend sind die goldfarben schimmernden Decken, die spiegelnden Wandvertäfelungen aus Pressglas und die gläsernen Lichtsäulen von Lalique, und ebenso atemberaubend ist die Speisekarte. Aus angeblich fast 100 verschiedenen französischen Spitzengerichten können die Reisenden auswählen – eine exquisite Leistungsschau gallischer Gastronomie. Schnell wird die NORMANDIE zum Lieblingsschiff der internationalen Prominenz, denn die Kombination aus Art-déco-Luxus, Glamour und Geschwindigkeit ist unwiderstehlich.

Während die italienischen Spitzenschiffe der 1930er-Jahre ganz auf Grandezza setzen (und dazu schon mal ihren Erste-Klasse-Salon in Form eines römischen Renaissance-Palazzo gestalten), schwelgen britische Schiffe in Empire-Folklore. So heißt es – zugegebenermaßen stark karikierend – von Sir James Charles (1865–1928), Kapitän der legendären AQUITANIA und Commodore der Cunard-Flotte: »Als Gast an Sir James' Tafel stand man unter strengem Protokoll. Man speiste nicht etwa, wenn es einem selbst, sondern wann es dem Commodore konvenierte. Sir James' Appetit und Geschmack entsprach etwa dem von Heinrich VIII. in Emil Jannings' Interpretation. An einem Abend rollten Stewards Servierwagen mit ganzen gebratenen Ochsen in den Saal, am nächsten umlagerte eine kleine Herde gegrillter Antilopen einen von Pfauenfedern gekrönten Berg aus foie gras. Während die Kapelle Elgar intonierte, wurden elektrisch illuminierte pièces montées, die Schlacht bei Waterloo und andere patriotische Höhepunkte darstellend, hereingefahren. Köche mit halbmeterhohen Mützen fochten Säbelattacken gegen Türme aus Black Angus, höher als die ungläubig hochgezogenen Augenbrauen der Gäste, und Soufflés vom Format der Kochmützen bildeten das abschließende champagnersprudelnde Feuerwerk.«

Überhaupt das Captain's Dinner: Es ist festlicher Höhepunkt einer jeden Kreuzfahrt, und glücklich kann sich schätzen, wer an den Kapitänstisch geladen wird. René Goscinny, der Schöpfer von »Asterix« und dem »Kleinen Nick« und begeisterter Schiffsreisender, schreibt: »Der Galaabend an Bord eines Schiffes ist eine Pflichtübung, die wie ein Dorffest nach strengen Regeln abläuft: Zuerst lädt der Zahlmeister einige auserwählte Gäste ein, ihm zum Tisch des Kapitäns zu folgen. Das führt natürlich schon zu den üblichen, kaum mehr versteckten Enttäuschungsbekundungen wie auch zu offener Heuchelei: ›Pierre hat dem Zahlmeister gleich am ersten Tag gesagt, wir sind hier, um uns zu erholen – seien Sie so gut und ersparen uns den üblichen Zirkus! Es muss dem Kapitän doch auch lästig sein, mit Leuten am Tisch zu sitzen, die er gar nicht kennt.‹ (…) Die ›bedauernswerten‹ Gäste, die zum Kapitänstisch geladen sind, betreten als Letzte den Speisesaal, lächelnd und voller Stolz. Mit ihnen kommt der Kapitän, der seine Galauniform und seine Orden angelegt hat. Er sitzt neben der Präsidentin. Neben ihr nimmt der Botschafter mit Gattin und Sohn Platz, außerdem der dicke schweigsame Herr, der diesmal seine Aktentasche nicht dabeihat, die hübsche junge Dame mit ihrer Mutter und noch ein paar andere, die man noch nicht kennt.«

Doch nicht jeder weiß die Ehre, am Kapitänstisch Platz zu nehmen, auch zu schätzen. Bis heute hält sich die

Geschichte von dem ignoranten Kreuzfahrtgast, der die Einladung brüsk mit den Worten zurückwies: »Ich speise nicht mit dem Personal.« Immerhin ersparte sich dieser Mann eine möglicherweise schleppende Konversation – denn auch der gepflegte Smalltalk in einer zufällig zusammengewürfelten Runde will geübt sein. Der dänische Schriftsteller-Dandy Herman Bang mokierte sich anlässlich einer Atlantiküberquerung schon 1913 über den Speisesaal der Ersten Klasse: »Er ist voller Lackstiefel, Fächer, Langeweile und Seidensocken.« Und genüsslich karikiert er in seiner Erzählung »Der große Kahn« das leere Geprotze der Mitpassagiere – fast wie in einem Loriot-Sketch:

Alle sind bei Tisch, und sie sind beim zweiten Gericht. Madame hat einen schlingenden Appetit, weil sie in der Turnhalle zwei Stunden auf einem künstlichen Pferd geritten hat. Der Berliner, der alles weiß und darum alles erklären kann und es sehr laut tut, spricht über die enorme Preissteigerung in Kaviar.

»Vor zwanzig Jahren bekam man ein Pfund akzeptablen Kaviar für vier Mark – und jetzt, meine Herren, man übertreibt nicht, essbaren Kaviar für sechzehn Mark in Berlin.«

»Stimmt!« sagt der Bankier aus Österreich, dessen allzu viele Brillantringe um seine Gabel leuchten.

»Und warum, warum, meine Herren?« fährt der Berliner fort. »Der allgemeine Wohlstand ist vergrößert. Alle wollen Kaviar essen. Schließlich wird ein Kenner nicht für Gold ein ordentliches Produkt auftreiben können.«

»Ja«, sagt der brave Mann aus Krefeld (er hat so viel Bart im Gesicht, aber so nette Augen hinter der Brille), »wir in Krefeld müssen ja so viele Dinge aus Köln kommen lassen.«

Eine Dame hebt den Kopf. »Regnet es?« fragt sie mich.

»Nein, gnädige Frau, das ist sicher der Sturm.«

Madame, die ständig beim künstlichen Pferd ist, will überhaupt die Weltreise als Entfettungskur benutzen. Es gibt nichts, absolut nichts, das so abmagern lässt wie der Ozean.

Alle sprechen von Abmagerung, Kuranstalten und Weltreisen. Der junge Referendar hat im Herbst viele Bücher über Indien gelesen.
»Man muss es doch, nicht wahr?« sagt er. »Man muss doch was wissen.«

»Aber im ganzen genommen«, schließt er, »ist Reisen nett.«

Auch Nobelpreisträger Thomas Mann muss der gesellschaftlichen Norm entsprechend mit seinen Mitreisenden parlieren, als er 20 Jahre nach Bang in die USA reist, allerdings auf einem niederländischen Schiff. Mann notiert mit gewisser verbaler Distanz: »Wir sitzen am runden Mitteltisch zusammen mit zwei Offizieren: dem Doktor, jung und sympathisch, amerikanischer Nationalität, und dem Zahlmeister, einem Holländer von klassischem Phlegma und solchem Appetit, dass er stets doppelte Portionen erhält. Hinzu kommt ein gutmütiger kleiner Businessman aus Philadelphia, der gern Champagner trinkt, und ein älteres, mit bürgerlicher Sorgfalt gekleidetes und viel aus purer Freundlichkeit lachendes Fräulein, die Verwandte in Holland besucht hat und sich auf der Heimreise befindet. Ein Tisch mit jungen Holländern ist noch da, die offenbar eine Vergnügungsreise machen und häufige Lachsalven hören lassen, und ein fünfter noch, an dem der Kapitän in Gesellschaft eines distinguierten amerikanischen Ehepaares von vorgerückten Jahren seine Mahlzeiten nimmt.«

Deutsche Schiffe setzen seit jeher eher auf Gemütlichkeit. Typisch »deutsch« ist beispielsweise das obligatorische »Oktoberfest« mit Freibier, Haxen, Brezen und Weißwürsten auf dem offenen Deck – es darf praktisch auf keiner Kreuzfahrt eines deutschen Schiffes fehlen. Wiederkehr des Immergleichen: Der »Jahrhundertschriftsteller« Ernst Jünger notiert 1965 anlässlich einer Asienreise auf dem Hapag-Kombischiff HAMBURG: »Abends Captain's Dinner, bei dem der Küchenchef, Herr Behrens, sich wieder einmal übertraf. Dieses Galadinner wiederholt sich während jedes Abschnitts der Reise, ebenso die große Schwedenplatte und das bayrische Bockbierfest.« Höhepunkt eines solchen Open-Air-Spektakels an Deck ist natürlich die Äquatortaufe, wie der Autor dieser Zeilen sie an Bord der COLUMBUS 2 vor einiger Zeit selbst miterlebt hat:

Pünktlich um 11.30 Uhr, mit der Überquerung des Äquators, entert Neptun samt großem Gefolge das Pooldeck. Der verkleidete Kreuzfahrtdirektor lässt es sich nicht nehmen, hier seinen Thron aufzuschlagen und persönlich zu Gericht über die Frevler zu sitzen, die es wagen, von der Nord- auf die Südhalbkugel zu reisen. Das Strafmaß ist schnell bemessen: Eine reinigende Taufe für alle an Bord muss es sein, eine

Spezialbehandlung mit glitschiger Creme und hochprozentigem Alkohol, gefolgt von einer pseudo-ärztlichen Untersuchung und grünem Freigabestempel mitten auf die Stirn. Zur kathartischen Prozedur zählt weiterhin, Neptuns Gattin Thetis die Füße zu küssen und anschließend ein Stück eingelegten Hering zu vertilgen. Rot gewandete Teufel und Nixen – im normalen Alltag Lektoren und Servicepersonal – schwärmen flugs aus, greifen sich die Umstehenden, um sie vor Neptuns Thron zu zerren, zu den Klängen von »What shall I do with a drunken sailor?«. Eine Stunde dauert der ganze Karneval zur See, dann ist aller Alkohol in die durstigen Kehlen injiziert, die hellgrüne pappig-süße Eischneepaste großflächig auf Backen, Bäuchen, Nasen und Glatzen verteilt und Neptun endlich zufriedengestellt. Huldvoll winkend, zieht er sich mit seiner Gattin und seinem Gefolge unter Orchesterklängen wieder zurück. Auch die See erscheint jetzt merklich ruhiger, und zwischen den Wolken blitzt die Sonne hervor. Fast scheint es so, als sei Neptun jetzt tatsächlich wieder blendender Laune. Und am nächsten Tag gibt es für alle Teilnehmer schön gestaltete Urkunden über die bestandene Äquatortaufe.

Natürlich muss man diesen ganzen Rummel nicht mitmachen, wenn man ihn partout nicht mag. Wer Stille sucht, findet an Bord meist immer irgendwo ein ruhiges Plätzchen (sofern nicht auch, wie bei einigen amerikanischen Schiffen, selbst die Außendecks pausenlos mit Musik beschallt werden). Noch komfortabler haben es die Suitengäste auf manchen Schiffen, denen – aufgrund ihrer teuren Kabinenkategorie – weitere exklusive Annehmlichkeiten winken. Beispielsweise ein eigener abgesperrter Deckbereich nur für Suitenbewohner, eine eigene Lounge mit speziellem kulinarischem Angebot, ein privater Butler, Bevorzugung bei den Landausflügen, jederzeit ein freier Tisch im Spezialitätenrestaurant und vieles mehr. Es ist das Schiff-im-Schiff-Konzept par excellence, also gewissermaßen »First Class reloaded«. Und irgendwie ist es ja auch nur folgerichtig, dass das Pendel wieder in die andere Richtung ausschlägt. Statt »Luxus für alle« heißt es nun eben »Noch mehr Luxus für wenige«. Natürlich nur für diejenigen, die dafür tief in die Tasche greifen, denn der Anspruch spiegelt sich natürlich auch im Reisepreis wider. Cunard lebt diese neue Klasseneinteilung schon seit vielen Jahren sehr subtil vor – auf der QUEEN ELIZABETH 2 durften die Suitenpassagiere stets im Queen's Grill dinieren, Bewohner der gehobenen Kabinen im intimen Princess Grill bzw. Britannia Grill und alle übrigen im Caronia- oder Mauretania-Restaurant. Im Letztgenannten sogar in zwei Sitzungen, was in der frühen Sitzung bei einem Fünfgangmenü gelegentlich zu einem Wettlauf gegen die Zeit geraten kann.

Unterschiedliche Klassen gibt es – mehr oder weniger subtil – auch bei den Getränken. Lange Jahre galt der Grundsatz: Die Verpflegung ist im Preis mit drin, die Getränke hingegen nicht. Dann belastet schon der Sailaway-Cocktail beim Ablegen das Bordkonto, und so geht es munter weiter. Immerhin: Die Getränkepreise sind auf Kreuzfahrtschiffen in aller Regel recht zivil (wenn auch auf einschlägigen Kreuzfahrtforen stets heiß diskutiert), dank der Zollfreiheit auf See. Günstiger wird es meist, wenn der Gast vor Fahrtantritt ein Getränkepaket bucht (z. B. bei AIDA) und dann genüsslich Cocktail für Cocktail abzählen kann, wie er mit seinem Paketpreis getränketechnisch unaufhaltsam ins Plus rutscht. Noch besser haben es Gäste, auf deren Schiff die Getränke (fast) komplett inkludiert sind – der

*Restaurant auf der MEIN SCHIFF 3*

bekannteste Anbieter ist sicherlich TUI Cruises mit seinem Premium-All-inclusive-Konzept. Allerdings ist auch hier nicht wirklich alles drin – wer Champagner, besondere Jahrgangsweine oder hochwertige Spirituosen trinken will, zahlt hier auf.

Bleibt zum Schluss noch die Trinkgeldfrage – für den Gast sicherlich die heikelste Frage an Bord. Hier hüllen sich auch die sonst so mitteilsamen Dichter in Schweigen: »Wir haben gefrühstückt, die letzte Hand ans Gepäck gelegt und letzte Trinkgelder verteilt«, schreibt beispielsweise Thomas Mann über den Morgen kurz vor dem Einlaufen in New York, unterschlägt dabei aber diskret die Höhe des Obolus. Von Marlene Dietrich wird immerhin berichtet, dass sie schon beim Anbordkommen freigiebig Trinkgelder verteilte und sich so von Beginn an Sympathie und exzellente Bedienung sicherte. Die Hoffnung auf ein möglicherweise noch üppigeres Trinkgeld am Ende der Reise blieb dann allerdings unerfüllt …

Auch beim heutigen Kreuzfahrtgast macht sich Unsicherheit breit – zumal die Reedereien hier durchaus unterschiedliche Konzepte verfolgen. Teils sind die Trinkgelder laut Unternehmensangaben bereits im Reisepreis inkludiert, teilweise wird das Bordkonto mit Trinkgeldpauschalen in Höhe von etwa 10 bis 15 Euro pro Tag und Gast belastet (die man freilich nach Belieben herauf- oder auch herabsetzen kann – zum Beispiel um die so ersparte Summe persönlich an die jeweiligen Servicekräfte zu verteilen), teilweise stellen die Reedereien ihren Gästen das Trinkgeldgeben auch völlig frei. Hapag-Lloyd schreibt beispielsweise: »An Bord sind Trinkgelder nicht obligatorisch. Die Anerkennung einer besonders guten Leistung ist jedem Gast freigestellt.«

Diese Feststellung trifft ziemlich genau den Kern der Sache, denn der Sinn eines Trinkgelds ist es ja gerade, eine gute Serviceleistung monetär zu würdigen. Ausnahmen gibt es auch hier – beispielsweise auf amerikanischen Schiffen, wo der »tip« (mindestens 15 bis 20 Prozent des Rechnungsbetrags, gern auch mehr) förmlich erwartet wird, weil er einen erheblichen Gehaltsbestandteil des Servicepersonals ausmacht. Wer hier knausert, spart am falschen Ende.

Das sollte übrigens auch das Trinkgeldmotto für die gesamte Kreuzfahrt sein, egal auf welchem Schiff. Denn wer vier- oder fünfstellige Eurobeträge für die schönsten Wochen des Jahres ausgibt, sollte zumindest eine erwähnenswerte zweistellige Summe jeweils für seinen Kabinensteward, seinen Lieblingskeller im Restaurant und seinen bevorzugten Barkeeper übrighaben. Gern auch in mehreren Tranchen oder als regelmäßiges abendliches Trinkgeld im Restaurant. Natürlich kann man dazu die bargeldlose Rechnung großzügig aufrunden, doch auch hier gilt: Bargeld lacht! Wer zufällig nur große Scheine in der Tasche hat, kann sie übrigens leicht an der Rezeption wechseln lassen.

Doch wie viel ist nun angemessen? Auch hier hat die alte Weisheit ihre Gültigkeit: »Es kommt darauf an.« Unter anderem darauf, wie lange die Kreuzfahrt dauert (je länger, desto mehr Trinkgeld) und welche Kabinenkategorie man gebucht hat (klar, Suitengäste sollten sich spendabler zeigen als die vierköpfige Familie in der Innenkabine auf dem untersten Deck). Ungefähre Anhaltspunkte für das jeweilige Schiff bieten einschlägige Kreuzfahrtforen im Internet oder Websites wie www.cruisetricks.de. Auch »Koehlers Guide Kreuzfahrten« gibt Tipps zum Trinkgeldthema.

Nicht vergessen werden sollte übrigens auch das Personal »unter Deck«, also beispielsweise die Angestellten in der Küche oder in der Bordwäscherei. Sie haben meist keinen persönlichen Kontakt zum Gast und damit auch keine Chance auf ein persönliches Trinkgeld. Viele Reedereien stellen deshalb eine Box an der Rezeption auf, in der für die gesamte Crew gesammelt wird. Der Erlös wird dann redlich geteilt oder finanziert die nächste Crewparty. Und sorgt somit für viele fröhliche Gesichter – auf Deck wie auch unter Deck.

# ALLES IM FLUSS
## Kreuzfahrten im Binnenland

Es ist ja alles soo gemütlich und bequem. Kein hoher Seegang, kein Rollen und Stampfen, keine widrigen Winde und vor allem: keine Seekrankheit. Unter dem Kiel sind allerhöchstens ein paar Meter und mitunter sogar nur wenige Zentimeter Wasser (weshalb Flusskreuzfahrtschiffe auch keine Rettungsboote brauchen, sondern nur ein kleines Motorboot für gelegentliche Wartungsarbeiten am Rumpf dabeihaben), und durch das Kabinenfenster oder aus der Lounge heraus sieht man stets festes Land.

Und das ist meist überaus abwechslungsreich – denn natürlich führen die beliebtesten Fahrtstrecken durch landschaftlich reizvolle Gegenden mit Weinbergen, Wäldern oder pittoresken Felsschluchten. Fast lautlos gleitet man an Burgen, Schlössern oder schönen Stadtpanoramen vorbei, erhält vielfach völlig neue Blicke auch auf schon bekannte Regionen. Zudem entschleunigt eine Flussreise ungemein. Im gemächlichen Fahrradfahrertempo zieht das Land an einem vorbei, ohne dass man dafür mühselig in die Pedale treten müsste (es sei denn, man betrachtet das Flusspanorama vom Sattel des Spinningrads im bordeigenen Fitnessraum aus oder bucht gleich eine sportliche

*Beliebtes Fotomotiv: Dürnstein in der Wachau*

Fahrrad-Flussreise). Im Gegenteil, Genuss ist angesagt. Das Panorama der Wachau genießt man daher gern auf dem Oberdeck bei einem Glas Grünen Veltliner, die Burgen zwischen Bingen und Koblenz am besten bei einem Glas Rheingauer Riesling.

Egal ob Städtetour (Niederrhein, Elbe, Donau zwischen Passau und Budapest, Rhone, Seine), Landschaftsreise (Mittelrhein, Douro, Donau am »Eisernen Tor«, Mekong, Irawaddy) oder eine Kombination aus beidem – eine Flussreise kann abwechslungsreicher sein als eine Hochseekreuzfahrt mit mehreren Seetagen am Stück. Allerdings: Bei der Flussreise holt man sich die Abwechslung durch das Betrachten der Ufer, nicht etwa durch die Bordunterhaltung. Denn die ist, den vergleichsweise überschaubaren Platzverhältnissen geschuldet, ebenfalls recht übersichtlich. Landeskundliche Vorträge oder Filmvorführungen in der Lounge, gelegentlich eine Autorenlesung oder eine Weindegustation, Barbecue an Deck und abends Tanzmusik vom Alleinunterhalter am Keyboard – das ist der Standard.

Diese Art der Entschleunigung muss man mögen, und man muss sie sich bewusst leisten wollen. Denn billig ist eine Flussreise nicht. Das hat, vorsichtig formuliert, natürlich auch Auswirkungen auf die Gästestruktur an Bord: Das Durchschnittsalter auf Flusskreuzfahrten in mitteleuropäischen Gewässern ist in der Regel deutlich höher als auf der Hochsee. Zum klassischen Familienurlaub taugt ein Flusskreuzfahrtschiff bisher eher nur bedingt, auch wenn einige Reedereien inzwischen entsprechende Angebote machen und mit spezieller Kinderbetreuung locken. Und auch der Lifestyle-Aspekt – nach dem Motto: vier trendige europäische Metropolen in fünf Tagen, ohne das Hotelzimmer wechseln zu müssen – verfängt bei der jüngeren Klientel noch nicht richtig.

Immerhin: Wer es etwas luxuriöser mag, bucht ein Schiff mit eigenem Wellnessbereich. Dann sind häufig finnische Sauna, ein Whirlpool mit traumhafter Aussicht oder gar ein kleines Schwimmbecken auf dem Oberdeck mit dabei. Auch Spa-Anwendungen vom Gesichtspeeling bis zur Ganzkörpermassage gehören häufig zum Angebot. Als Ausgleich zum meist reichhaltigen kulinarischen Angebot empfiehlt sich zudem ein Besuch im bordeigenen Fitnessstudio, wo Laufbänder und Spinningräder zur sportlichen Betätigung einladen. Die eben schon erwähnten kombinierten Schiff-Fahrrad-Kreuzfahrten lagern die sportliche Betätigung sogar ganz ins Freie aus: Während das Schiff gemächlich die Tagesetappe bewältigt, radeln die Gäste am Flussufer entlang und werden abends erschöpft, aber glücklich wieder an Bord genommen.

Mit 100 oder maximal vielleicht 200 Gästen sind die meisten Flussschiffe zudem sehr überschaubar. Je nach Schiff gibt es entweder feste Plätze im Restaurant oder aber freie Tischwahl. Das macht es leichter, zwanglos neue Leute kennenzulernen. Nach spätestens zwei, drei Tagen kennt man die meisten Mitreisenden zumindest vom Sehen.

An der Bar werden erste Bordfreundschaften geschlossen – sofern man nicht schon als größere Gruppe an Bord gekommen ist. In diesem Fall werden auch die Landausflüge gemeinsam unternommen, und die Flussreise gerät schnell zum gemeinsamen Abenteuerurlaub – so wie der von zwei Dutzend Amerikanern aus der Nähe von Chicago, die zwei Wochen

*Schwimmbad auf der A-ROSA*

lang die Donau hinauf- und hinunterfuhren und zwei Tage in
»Vienna« zum ausgiebigen Shopping nutzten.

Auch die Flussreise kann auf eine lange Geschichte
zurückblicken. Schon in der Antike nutzten die Römer die
europäischen Flüsse für den Waren- und Personentransport –
beeindruckende Relikte sind beispielsweise im Mainzer Römer-
schiffmuseum zu besichtigen. Auch im Mittelalter waren Flüsse
die wichtigsten Hauptverkehrswege in Europa – zu einer Zeit,
als ein Fernwegenetz nur in Ansätzen vorhanden war. Flussschiffe transportierten Güter durch halb Europa: Salz von
den Salinen in die Hansestädte, gepökelten Fisch in Fässern
von der Küste ins Binnenland, Rheingauer Wein in die große
Handelsmetropole Köln. Und das Holz aus dem waldreichen

*A-ROSA auf der Saône*

Schwarzwald kam per Floß in die Niederlande, um dort im Schiffbau eingesetzt zu werden.

Flussabwärts war die Fahrt noch verhältnismäßig einfach. Man konnte das Schiff oder Floß gemütlich treiben lassen und musste sich allenfalls vor Untiefen oder Felsen in Acht nehmen. Das Rheinknie bei Bingen, das heute »Binger Loch« heißt, war bis zu den gezielten Felsensprengungen im 19. Jahrhundert (die ebenjenes Loch erzeugten, durch das die Schiffe fortan schlüpfen konnten) praktisch unpassierbar. Auch der Loreleyfelsen mit seinen vorgelagerten Untiefen und tückischen Strömungen war ebenso gefürchtet wie sagenumwoben – und in der Romantik wurde die Loreley von Clemens von Brentano ebenso literarisch verewigt wie von Heinrich Heine, dessen Loreley-Lied »Ich weiß nicht, was soll es bedeuten …« fest zum deutschen Kulturgut gehört.

Flussaufwärts – und damit gegen die Strömung – war der Transport hingegen deutlich mühsamer. Segeln ist für größere Schiffe auf Flüssen fast nicht möglich, da kein Platz zum Navigieren besteht. So blieb bis zum Aufkommen der Dampfmaschine im 19. Jahrhundert nur die Muskelkraft – von Menschen, Pferden oder Zugochsen. Das sogenannte »Treideln« war eine ebenso mühselige wie zeitraubende Angelegenheit, und die Schiffer waren gemeinhin als ebenso rohe wie trinkfeste Gesellen berüchtigt. Noch heute säumen vielerorts die »Treidelpfade« oder »Leinpfade« (weil die Schiffe per Leine geschleppt wurden) die Ufer der großen Flüsse, häufig ausgebaut zu bequemen Rad- oder Wanderwegen. Der vielleicht schönste Radweg befindet sich entlang der Donau zwischen Passau und Wien. Es ist zugleich die klassische und viel befahrene Kreuzfahrtroute.

Im Gegensatz zu den rumpelnden Kutschen auf schlaglochübersäten oder schlammigen Landstraßen hatte eine Flussfahrt stromabwärts geradezu etwas Ruhiges, Beschauliches – ganz so, wie es auch heute noch viele Flussreisende schätzen. Der junge Johann Wolfgang von Goethe genoss beispielsweise bei schönem Wetter eine Fahrt mit dem täglichen Marktschiff von Frankfurt nach Mainz und machte es sich zwischen Fässern und Säcken bequem. Diese Bequemlichkeit schätzen im frühen 19. Jahrhundert dann auch britische Touristen, die die Rheinromantik für sich entdeckten und das Felsenpanorama mit seinen pittoresken Burgruinen an sich vorüberziehen ließen.

Überhaupt ist das 19. Jahrhundert ein Zeitalter rasanter technischer Entwicklungen. Der Dampfantrieb lässt auch auf Flüssen einen regulären, fahrplanmäßigen Schiffsbetrieb zu. Die Regulierung, Begradigung und Vertiefung der großen Flüsse – etwa von Rhein und Donau – macht sie in weiten Bereichen auch für Schiffe mit größerem Tiefgang befahrbar. Schleusen regulieren den Wasserlauf, feste Hafenanlagen machen den Bau immer größerer Schiffe möglich. Mit dem zunehmenden Handel kommen auch die Passagiere. 1829 wird in Wien die Erste Donau-Dampfschiffahrts-Gesellschaft gegründet. Bereits 1825 gründen Kölner Kaufleute die Preußisch-Rheinische Dampfschiffahrt-Gesellschaft, 1836 folgt in Düsseldorf die Dampfschiffahrts-Gesellschaft für den Nieder- und Mittelrhein – die beiden Vorläufergesellschaften der heutigen Linie Köln-Düsseldorfer (KD). Bereits 1853 erfolgt ein enger wirtschaftlicher Zusammenschluss in Form einer Betreibergemeinschaft. Betreiben die beiden Linien zunächst noch gemischten Güter- und Personenverkehr, werden bereits

*Das Passieren von Schleusen gehört auf Flusskreuzfahrten mit dazu.*

1867 mit den Schnelldampfschiffen HUMBOLDT und FRIEDE die ersten Schiffe rein zur Personenbeförderung in Dienst gestellt. Der Gütertransport verlagert sich hingegen mehr und mehr auf die Eisenbahn. Auf dem Raddampfer GOETHE, 1913 in Dienst gestellt und heute im täglichen Pendelverkehr zwischen Koblenz und Rüdesheim unterwegs, lässt sich die glanzvolle Epoche der Rheinreisen noch heute nachempfinden.

Doch nicht nur auf den großen Flüssen, auch auf den touristisch interessanten Seen entstehen in der Belle Époque luxuriöse Dampfschiffe. Sie pendeln über den Vierwaldstättersee, wo man die hervorragend restaurierten Raddampfer – beispielsweise die mondäne SCHILLER – noch heute für Rundfahrten etwa auf Wilhelm Tells Spuren nutzen kann. Sie gleiten durch den Genfer See, immer noch so wie im Jahr 1898, als am Anleger in Genf die österreichische Kaiserin Sisi ermordet wurde. Sie überqueren den Bodensee ebenso wie die Alpenseen in Bayern und Österreich oder die oberitalienischen Seen. Auch hier steht der Transport im Vordergrund, doch an Bord befinden sich keine Kreuzfahrttouristen, sondern zumeist Sommerfrischler auf Tagesausflug. Dementsprechend besitzen die eleganten weißen Dampfer zwar Restaurant und Salons, aber keine Kabinen.

Auch in den 1930er-Jahren ist eine Flusskreuzfahrt mit Übernachtung an Bord für das deutsche Publikum kein Usus: Zwar bietet die NS-Organisation »Kraft durch Freude« kostengünstige mehrtägige Dampferfahrten auf dem Rhein an. Doch gefahren wird nur tagsüber; die Übernachtung erfolgt dann stets in kleinen Pensionen an Land. Andere Länder sind da schon weiter: Auf dem Göta-Kanal in Südschweden sind seit mehr als 100 Jahren kleine Dampfer unterwegs, die (zugegebenermaßen recht enge) Kabinen für ihre Fahrgäste anbieten. Auch heute noch zählt eine Fahrt auf dem Göta-Kanal in den stilecht renovierten Dampfschiff-Oldtimern zu den Highlights nostalgischer Schiffsreisen quer durchs Binnenland. Touristische Destinationen wie der Nil haben ebenfalls eine lange Tradition als Flusskreuzfahrtziel – literarisch verewigt beispielsweise in dem Krimiklassiker »Tod auf dem Nil« von Agatha Christie, der in den 1920er-Jahren spielt.

Langsam in Schwung kommen Kabinenkreuzfahrten auf europäischen Flüssen dann allerdings erst nach dem Zweiten Weltkrieg, beispielsweise mit der KD Deutsche Flusskreuzfahrten, einer Tochtergesellschaft der Köln-Düsseldorfer. Der humoristische Schriftsteller und Nick-Knatterton-Erfinder Manfred Schmidt wagt sich in den 1960er-Jahren auf eine weinselige Schiffstour von Mainz nach Köln und findet beim Landgang in der Rüdesheimer Drosselgasse so ziemlich alles vor, aber keinen Hauch von stiller Rheinromantik.

Bass erstaunt zeigt er sich hingegen vom Luxus des rumänischen Donau-Kreuzfahrtschiffes OLTENITZA, das ihn von Budapest bis ans Schwarze Meer trägt: »Die Kammerzofe führte mich an prächtigen Blumenarrangements und Edelholzwänden mit kunstvollen Intarsien vorbei in einem mit dickem Velours ausgelegten Gang. Die Jacht des Aristoteles Onassis konnte nicht eleganter sein. Meine Kabine war ein Traum in Blau: Blausamten gepolsterte Sitzecke, als Bett eine blauseidengesteppte Kapitalisten- oder Filmstar-Lotterwiese und dahinter ein himmelblaues Badezimmer. Und das zu einem Preis, für den ich ein schlafwagengroßes Kabinchen erwartet hatte.«

*Die berühmte Brücke von Avignon*

In den 1980er-Jahren steigt dann auch die Deilmann-Reederei in den deutschen Flussschiffahrt-Markt ein. Die DONAUPRINZESSIN bietet Flusskreuzfahrten ab Passau an und macht in den 1990er-Jahren durch die gleichnamige ZDF-Serie diese Reiseform dem TV-Publikum bekannt. Etwa zur gleichen Zeit startet dann auch die PRINZESSIN VON PREUSSEN mit Reisen auf der Elbe. Weitere Destinationen (Rhone, Saône, Oder, Moldau) kommen in den folgenden Jahren hinzu. Auch weitere Anbieter sind inzwischen auf dem Markt unterwegs, beispielsweise Nicko Tours (inzwischen Nicko Cruises) oder Viking River Cruises, die im Jahr 2000 die KD Flusskreuzfahrten und ihre Schiffe übernimmt Mit einer Kombination aus Genuss, Wellness, Sport und Erleben punktet hingegen

A-Rosa: Die Reederei etabliert sich seit 2005 höchst erfolgreich im Markt und ist mittlerweile (Stand 2017) auf Rhone, Saône, Seine, Rhein, Main, Mosel und Donau unterwegs.

Zu beliebten Reisezielen haben sich auch Wolga und Dnjepr sowie die Flüsse, Seen und Kanäle zwischen Moskau und St. Petersburg entwickelt. Auch Po und Douro locken viele Reisende. Wer es exotischer mag, schippert beispielsweise auf Nil, Jangtsekiang, Mekong oder Irrawaddy oder bucht eine Luxus-Raddampferfahrt auf dem Mississippi – also klassische Südstaaten-Folklore. Auch die Verbindung aus Fluss- und Seereise ist möglich, beispielsweise mit kleinen Expeditionsschiffen auf dem Amazonas oder den nordamerikanischen Seen. Wer heute eine Flusskreuzfahrt unternehmen will, kann also aus einer reichen Palette an Schiffen, Konzepten und Zielgebieten wählen – Langeweile kommt da ganz gewiss nicht auf.

# EPILOG
## Wohin steuert die Kreuzfahrt?

Wohin steuert die Kreuzfahrt? Diese provokante Frage ist nicht ohne Weiteres und schon gar nicht pauschal zu beantworten. Prognosen sind schwierig, soweit sie die Zukunft betreffen – sagt der Volksmund, und er hat auch in diesem Aspekt recht. Dennoch lassen sich schon heute einige Trends ablesen, die das Kreuzfahrtgeschehen voraussichtlich auch in den kommenden Jahren prägen werden.

Da ist zunächst einmal der Kreuzfahrtboom selbst. Kreuzfahrten werden zusehends beliebter (was sich hoffentlich auch auf die Verkaufszahlen dieses Buches auswirkt), und die Reedereien stellen jedes Jahr neue Schiffe in Dienst. Der Markt bedient dabei die unterschiedlichsten Segmente – jeder Gast findet so bestimmt sein ganz persönliches Lieblingsschiff (siehe Kapitel »Windjammer oder Clubschiff? Augen auf bei der Schiffswahl«) und kann damit, ganz wie beim Alten Fritz, auch auf See nach seiner eigenen Façon selig werden. Mithin hat das kleine, feine Kreuzfahrtschiff auch künftig genauso seine Existenzberechtigung wie der Megacruiser mit dem All-inclusive-Konzept.

Doch das ungebrochene Wachstum ist Segen und Fluch zugleich: Immer mehr Schiffe benötigen ständig neues gut ausgebildetes Personal. Hier klaffen Angebot und Nachfrage künftig immer weiter auseinander, weil die Werften eben schneller liefern als die Hotelschulen. Ein »war for talents« ist daher ebenso absehbar wie Kompromisse bei den Servicestandards oder noch mehr Buffet-Restaurants auf denjenigen Schiffen, die den Hotel- und Gastronomiebetrieb hauptsächlich mit Aushilfskräften bewerkstelligen müssen. Für die Beschäftigten hat die Konkurrenz unter den Arbeitgebern natürlich angenehme Seiten – in Form besserer Bezahlung und immer komfortablerer Crewunterkünfte.

Nicht nur Deutschland ist in den letzten Jahren zur »Kreuzfahrtnation« geworden. Auch andere Länder wie beispielsweise China entdecken gerade diese Art des Urlaubs für sich. Was das zahlenmäßig in einigen Jahren für den globalen Kreuzfahrtmarkt bedeutet, kann man sich leicht ausrechnen. Doch das Wachstum hat Grenzen. Nicht so sehr in der Größe der Schiffe (da geht immer noch etwas), auch nicht auf den Weltmeeren selbst (mehr als zwei Drittel der Erdoberfläche sind von Wasser bedeckt). Aber die Infrastruktur an Land ist es, die dem maritimen Gigantismus zumindest an manchen Stellen schon heute Einhalt gebietet. Wer einmal auf einer Karibikinsel war, an der gleichzeitig drei große Kreuzfahrtschiffe festgemacht haben, weiß wovon hier die Rede ist: Im Vergleich dazu ist der New Yorker Times Square ein geradezu idyllisches Fleckchen Erde.

Eine Antwort mancher Megacruiser-Reedereien lautet folglich: Lasst die Gäste auf der Fahrt am besten gar nicht mehr von Bord – schließlich sollen sie ja ihr Geld auf dem Schiff ausgeben und nicht in irgendwelchen windigen Souvenirshops an Land. Folglich wird der Megacruiser zum eigentlichen Reiseziel, mit riesigen Shoppingmalls, Sport- und Badewelten, ganzen Kneipenvierteln, einem bunten Potpourri an Themenrestaurants und einem Showprogramm, das seinesgleichen sucht. Solcherart rund um die Uhr bespaßt, vermisst der Gast den Landgang kaum noch, allenfalls ein wenig echtes Karibikflair.

Doch findige Kreuzfahrtmanager haben natürlich längst eine Lösung für das Problem gefunden: exklusive Privatinseln und Ferienresorts an Land, die für den täglichen Ansturm mehrerer Tausend unterhaltungsdurstiger Gäste gerüstet sind. Selbst bitterarme Länder wie Haiti haben inzwischen gut abgeschirmte Freizeitenklaven, die den Besuchern grenzenlosen Spaß verheißen. Ob Paragliding, Zipline-Fliegen, Schnorcheln im kristallklaren Wasser entlang künstlicher Riffe oder einfach Relaxen am schneeweißen Sandstrand mit einem tropischen Cocktail in der Hand – hier wird das volle Wohlfühlprogramm geboten. Mit einer klassischen Kreuzfahrt hat das natürlich nur noch sehr wenig zu tun, sehr viel aber mit den fünf »S«: Sonne, See, Strand, Sport und Siesta.

Fallweise kommt noch ein sechstes »S« dazu – Sex. Und damit sind wir bei den Themenkreuzfahrten. Natürlich gibt es auch weiterhin die klassischen Angebote wie Golfreisen (im Sinne von Sport, nicht von Arabien), Musikreisen (Klassik, Pop, inzwischen auch Heavy Metal) oder Gartenreisen. Und natürlich gibt es auch künftig Kreuzfahrten mit Yoga- oder Wellness-Schwerpunkt, Sport- oder Ernährungstipps. Doch mit »Gay Cruises« bzw. »Rainbow Cruises« sprechen die Reedereien

mittlerweile eine – bisher vernachlässigte, aber überaus kauf-
kräftige – Klientel an. Selbst eine explizite »Sex-Kreuzfahrt«
(»Desire Cruise«) für Paare wurde inzwischen angekündigt,
selbstverständlich mit dem Hinweis »Adults only«. Was die
Gäste dabei erwartet, wurde in den Medien wie folgt beschrieben: »Es gibt private Spiel-Räume, Themenabende für Erwach-
sene und Bereiche, in denen Kleidung nur eine Option ist.«

Aufregungen ganz anderer Art versprechen neue Frei-
zeitgestaltungen nach dem Motto »höher, schneller, weiter«,
beispielsweise in Form exklusiver Helikopterflüge. Oder eben
tiefer, in Form von Exkursionen mit dem Unterseeboot. Technisch ist das alles bereits möglich, aber noch hat es sich nicht
flächendeckend am Markt etabliert. Rundflüge für Kreuzfahrtgäste hingegen gibt es schon bald seit 100 Jahren im Programm – Dampfer auf Nordlandfahrt nahmen dafür schon in
den 1920ern ein eigenes Wasserflugzeug mit an Bord. Natürlich
sind solche Freizeitbeschäftigungen stets extra zu bezahlen,
ganz im Gegensatz zu vielen anderen Services an Bord. Gerade
im deutschsprachigen Raum mit seiner »Geiz ist geil«-Menta-
lität kommen nämlich All-inclusive-Angebote (und damit die
vergleichsweise gute Planbarkeit der Urlaubsausgaben) hervorragend an. Ein paar Stufen höher wiederum ist das »Schiff im
Schiff«-Konzept angesiedelt – als legitimer Nachfahre der Ersten
Klasse. Es ist sozusagen die exklusive VIP-Lounge des Schiffes,
in die man sich mit dem nötigen Kleingeld einkauft. Auch hier
ist sicherlich noch nicht das Ende der Fahnenstange erreicht.

Kommen wir zum Umweltschutz: Er hat eine immer
größere Bedeutung, denn die Kreuzfahrt ist längst vom Nischen-
zum touristischen Massenmarkt geworden, mit entsprechend

großen Auswirkungen auf die Ökobilanz. Und die Emissionen von Kreuzfahrtschiffen stehen unter ganz besonderer Beobachtung – speziell dann, wenn die Schiffe das vergleichsweise dreckige Schweröl verfeuern (von der langen Fluganreise zur Karibik-Kreuzfahrt wollen wir hier gar nicht reden). Die Rußfahnen auf See sind dann nicht nur optisch ein weithin sichtbares Ärgernis, auch Feinstaubemissionen und die Luftbelastung mit Abgasen wie Schwefeldioxid sind ein ernstes Thema. Speziell beim Anlegen in Hafenstädten, wo die Motoren weiterlaufen müssen, um an Bord Energie zu erzeugen. Hier können beispielsweise starke Landstromanschlüsse in den Häfen oder auch schwimmende Kleinkraftwerke Abhilfe schaffen, die an die Kreuzfahrtschiffe andocken. Dann dürfen die großen Schiffsdiesel ausgeschaltet bleiben.

Auch die Umstellung des Treibstoffs auf (deutlich besseren, aber eben auch teureren) Marinediesel oder gar auf Flüssiggas ist aktuell in vollem Gange, denn ein »dreckiges« Schiff kann sich schon PR-technisch bald keine Reederei mehr leisten. Verstärkt werden daher auch Partikelfilter und sogenannte »Scrubber« eingebaut oder nachgerüstet – das sind große Gaswäscher im Schornstein, die die Abgase säubern. Dass der Müll von Kreuzfahrtschiffen nicht mehr (wie von den Stewards in früheren Tagen) einfach aus dem Bullauge gepfeffert wird, sondern in bordeigenen Müllverbrennungsanlagen verbrannt oder korrekt getrennt und zu Paketen gepresst im nächsten Hafen von Bord gebracht wird, versteht sich von selbst. Vorreiter beim Umweltschutz sind übrigens Expeditionsschiffe, die in ökologisch sensiblen Regionen wie der Antarktis unterwegs sind und strengste Auflagen erfüllen müssen. Dort haben selbst viele Zodiac-Boote inzwischen einen geräuscharmen Elektroantrieb.

*Speisekarte der AURANIA (1932)*

Bleibt noch das Thema Routenwahl. Auch hier gilt, dass man dem Publikum immer wieder Neues bieten muss. Und die globale Erwärmung hilft dabei kräftig mit: Wenn das Eis an den Polkappen weiter so taut wie bisher, dürften Fahrten auf der legendären Nordwestpassage (also vom Nordatlantik via kanadische Küste in den Pazifik und retour) und der nicht minder berühmten Nordostpassage (also entlang der sibirischen Nordküste zwischen Nordeuropa und Asien) möglich sein. Auf der anderen Seite ist absehbar, dass bestimmte Reviere an ihre Kapazitätsgrenzen gelangt sind und fortan nicht mehr oder nur noch unter strengen Auflagen befahren werden dürfen. Die Lagune von Venedig ist solch ein Beispiel.

Es ist also weiter kräftig Bewegung auf dem Kreuzfahrtmarkt, und es ist bestimmt keine kühne Prognose zu behaupten: Es bleibt spannend. In diesem Sinne: Allzeit gute Fahrt und immer eine Handbreit Wasser unterm Kiel!

# NAUTISCHE BEGRIFFE VON A(CHTERSCHIFF) BIS Z(ODIAC)

| | |
|---|---|
| ACHTERSCHIFF | Hinterer Teil eines Schiffes |
| ANKER | Gerät zum Festmachen eines Schiffes auf dem Meeresgrund |
| BACKBORD | Linke Seite des Schiffes (in Fahrtrichtung gesehen). Hat seinen Namen vom »Back« (Rücken) des Steuermanns, der das Steuerruder auf der Steuerbordseite eines Wikingerschiffs bediente und daher der gegenüberliegenden Seite den Rücken zuwandte. |
| BRÜCKE | Befehlszentrale eines Schiffes, Arbeitsort des Kapitäns und der nautischen Offiziere. War im 19. Jahrhundert tatsächlich eine Brücke zwischen den Radkästen eines Schaufelraddampfers. |
| BRZ | Bruttoraumzahl, die heute übliche Größe zur Vermessung von Schiffen. Zuvor maß man in Bruttoregistertonnen (BRT). |

| | |
|---|---|
| BUG | Vorderes Schiffsende |
| BULLAUGE | Kreisrunde Fensteröffnung in der Bordwand |
| DECK | Entspricht einer Etage an Land. Der Name stimmt häufig überein mit der Funktion (Peildeck, Brückendeck, Bootsdeck, Zwischendeck etc.) |
| DOCK | Eine Art Schiffsgarage, die nach Einfahrt des Schiffes trockengepumpt werden kann, um Wartungsarbeiten am Unterwasserschiff vorzunehmen |
| FLAGGE | Im allgemeinen Sprachgebrauch auch »Fahne« genannt, was aber nach Kapitänsmeinung unzulässig ist: »Betrunkene haben eine Fahne, Schiffe eine Flagge.« |
| GANGWAY | Zugangsbrücke oder -treppe zum Schiff |
| GIEREN | Bewegung des Schiffes um die Hochachse |
| GPS | Modernes Navigationssystem via Satellit (Global Positioning System) |
| HECK | Hinteres Schiffsende |

| | |
|---|---|
| KABINE | (Einzel-)Unterkunft auf einem Schiff |
| KLASSE | Früher die Bezeichnung für den Komfort der Unterbringung (Erste Klasse, Zweite Klasse usw.). Heute auch ein Synonym für den regelmäßigen »Schiffs-TÜV« (Erneuerung der Schiffsklasse) |
| KNOTEN | Maßeinheit für die Geschwindigkeit des Schiffes. Zur Bestimmung wurde in früheren Tagen vom fahrenden Schiff ein Tau ins Wasser abgerollt, das in regelmäßigen Abständen Knoten aufwies. Ein Knoten (1 kn) entspricht einer Seemeile pro Stunde (1 sm/h), das sind 1,852 km/h. |
| KOMBÜSE | Bordküche |
| LÄNGEN- UND BREITENGRAD | Koordinaten zur genauen Positionsbestimmung |
| LEE | Dem Wind abgewandte Seite (Merksatz: WEEEG vom Wind) |
| LOGBUCH | Schiffstagebuch, Schiffsjournal |
| LUV | Dem Wind zugewandte Seite (Merksatz: ZUUUM Wind) |
| MESSE | Speiseraum auf einem größeren Schiff (z.B. »Crewmesse«) |

| | |
|---|---|
| MITTSCHIFFS | Teil des Schiffes in der Mitte zwischen Bug und Heck |
| M. S. | Abkürzung für »Motorschiff« |
| NEPTUN | Antiker Gott der Meere, kommt mit seinem Gefolge zur »Äquatortaufe« an Bord |
| PODS | Motorgondeln unter dem Rumpf. Sie ersetzen die herkömmlichen Schraubenwellen und das Ruder und erhöhen die Manövrierbarkeit. |
| QUERAB | Seitlich des Schiffes |
| REEDE | Ankerplatz vor einem Hafen oder einer Flussmündung |
| RELING | Geländer am Außendeck |
| RETTUNGSBOOT | Wichtigstes Rettungsmittel an Bord, mit Notfallausrüstung (Kompass, Trinkwasser, Notproviant, Signalmittel) ausgestattet und heute meistens motorisiert |
| ROLLEN | Bewegung des Schiffes um die Längsachse |
| RUDER | Steuereinrichtung des Schiffes |

| | |
|---|---|
| SCHLINGERN | Bewegung des Schiffes um alle drei Achsen (Gieren, Rollen, Stampfen) |
| SCHRAUBE | Unterwasserpropeller zum Antrieb eines Schiffes |
| SEEKRANKHEIT | Bekannteste Form der Reisekrankheit auf See, entstehend durch die Bewegung des Schiffes |
| SEEMEILE | Entfernungsmaß auf See (nautische Meile), nicht zu verwechseln mit der deutlich kürzeren Landmeile. Eine Seemeile entspricht 1,852 km. |
| SOLAS | UN-Konvention zur Schiffssicherheit |
| STABILISATOREN | Tragflächenähnliche Flossen unterhalb der Wasserlinie, die das Rollen des Schiffes eindämmen sollen |
| STAMPFEN | Bewegung des Schiffes um die Querachse |
| STEUERBORD | Die rechte Seite eines Schiffes. Hier war bei den alten Wikingerschiffen am Heck das Steuerruder angebracht. |
| TENDERN | Transport der Passagiere von Bord an Land und zurück mithilfe eigener Tenderboote, während das Schiff auf Reede (d.h. draußen vor dem Hafen) liegt |
| TYPHON | Weithin vernehmbares Schiffshorn |

| | |
|---|---|
| UNTERWASSERSCHIFF | Teil des Schiffsrumpfes |
| VORSCHIFF | Vorderer Teil des Schiffes |
| WINDSTÄRKE | Geschwindigkeit des Windes über Grund. Wird mithilfe der Beaufortskala klassifiziert (0 = Windstille, 12 = Orkan) |
| ZODIAC | Seetaugliches Schlauchboot |

# LISTE VON KREUZFAHRTANBIETERN

## HOCHSEEKREUZFAHRTEN:

| | |
|---|---|
| AIDA Cruises | www.aida.de |
| Azamara Club Cruises | www.azamaraclubcruises.de |
| Carnival Cruises | www.carnivalcruiselines.de |
| Celebrity Cruises | www.celebritycruises.de |
| Celestyal Cruises | www.celestyalcruises-deutschland.de |
| Color Line | www.colorline.de |
| Costa Kreuzfahrten | www.costakreuzfahrten.de |
| Crystal Cruises | www.crystalcruises.com |
| Cunard Line | www.cunard.de |
| Disney Cruise Line | https://disneycruise.disney.go.com/ |
| FTI Cruises | www.fti-cruises.com |
| Hansa Touristik | www.hansatouristik.de |

| | |
|---|---|
| Hapag-Lloyd Cruises | www.hl-kreuzfahrten.de |
| Holland America Line | https://de.hollandamerica.com |
| Hurtigruten | www.hurtigruten.de |
| MSC Kreuzfahrten | www.msc-kreuzfahrten.de |
| Norwegian Cruise Line | www.ncl.de |
| Oceania Cruises | https://de.oceaniacruises.com |
| Phoenix Reisen | www.phoenixreisen.com |
| Ponant | www.ponant.com |
| P&O Cruises | www.pocruises.de |
| Plantours Kreuzfahrten | www.plantours-partner.de |
| Princess Cruises | www.princesscruises.de |
| Regent Seven Seas | https://de.rssc.com |
| Royal Caribbean (RCL Cruises) | www.royalcaribbean.de |
| Seabourn Cruise Line | http://de.seabourn.com |
| Sea Cloud Cruises | www.seacloud.com |
| Seadream Yacht Club | www.seadream.com |
| Silversea Cruises | www.silversea.com/de |

| | |
|---|---|
| Star Clippers | www.starclippers.com |
| Transocean Kreuzfahrten | www.transocean.de |
| TUI Cruises | www.tuicruises.com;<br>www.meinschiff.de |
| Windstar Cruises | www.unlimited-cruises.com |

## FLUSSKREUZFAHRTEN:

| | |
|---|---|
| 1AVista Reisen | www.1avista.de |
| A-Rosa | www.a-rosa.de/kreuzfahrten |
| Croisieurope | www.croisieurope.de |
| Crystal Cruises | www.crystalcruises.com |
| Lüftner Cruises | www.lueftner-cruises.com |
| nicko cruises | www.nicko-cruises.de |
| Phoenix Reisen | www.phoenixreisen.com |
| Plantours Kreuzfahrten | www.plantours-partner.de |
| Transocean Kreuzfahrten | www.transocean.de |

# LITERATUR

*Dänzer-Kanthof, Boris*
Kreuzfahrtträume.
Schiffe und Routen von einst bis jetzt.
Knesebeck Verlag, München 2014


*Donzel, Catherine*
Legendäre Ozeanreisen.
Die große Zeit der Passagierschiffe 1850 bis 1930.
Frederking & Thaler Verlag, München 2006


*Eichner, Karsten*
Ich liebe das Meer wie meine Seele.
Berühmte Schriftsteller und ihre Seereisen.
Koehlers Verlagsgesellschaft, Hamburg 2015


*Goscinny, René*
Eine Kreuzfahrt, die ist lustig.
Diogenes Verlag, Zürich 2012

*Groothuis, Rainer (Hrsg.)*
Von Meeren und Menschen.
Eine Kreuzfahrt durch die Zeit.
Carl Hanser Verlag, München/Hamburg 2016


*Kersten, Joachim (Hrsg.)*
Herman Bang – Eines Dichters letzte Reise.
Arche Literatur Verlag, Hamburg/Zürich 2009


*Kludas, Arnold*
Die Geschichte der deutschen Passagierschiffahrt
1850–1990.
Fünf Bände in einem Band (Sonderausgabe),
Ernst Kabel Verlag, o.O. 1986


*Kludas, Arnold*
Vergnügungsreisen zur See.
Eine Geschichte der deutschen Kreuzfahrt.
2 Bände, Convent Verlag, Hamburg 2001/2003


*Kludas, Arnold; Beer, Karl-Theo*
Die glanzvolle Ära der Luxusschiffe.
Reisekultur auf den Weltmeeren.
Koehlers Verlagsgesellschaft, Hamburg 2005

*Lukoschik, Andreas*
Schläft das Personal auch an Bord?
Ein Kreuzfahrt-ABC.
Kiepenheuer & Witsch, Köln 2013


*Mann, Thomas*
Meerfahrt mit Don Quijote.
Fischer Taschenbuch Verlag, Frankfurt am Main 2002


*Nooteboom, Cees*
Schiffstagebuch.
Ein Buch von fernen Reisen.
Suhrkamp Verlag, Berlin 2011


*Reinke-Kunze, Christine*
Kreuzfahrten in der Arktis.
Delius Klasing Verlag, Bielefeld 2008


*Schmidt, Oliver (Hrsg.)*
Koehlers Guide Kreuzfahrt 2017.
Koehlers Verlagsgesellschaft, Hamburg 2016


*Schmidt, Oliver; Schmidt, Yvonne*
125 Jahre Kreuzfahrt.
Koehlers Verlagsgesellschaft, Hamburg 2016

*Stevenson, Robert Louis*
Emigrant aus Leidenschaft.
Ein literarischer Reisebericht.
Manesse Verlag, Zürich 2005


*Ströhlein, Marco; Tasche, Michael*
Innenkabine mit Balkon.
Der ultimative Ratgeber für eine Kreuzfahrt
von A–Z.
München, 4. Auflage 2014


*Ulrich, Kurt*
Legendäre Luxusliner.
Vom Grandhotel auf hoher See zur
schwimmenden Insel.
C. J. Bucher Verlag, München 2005


*Wächter, Hans-Christof*
Transatlantische Passage.
Mit der QE2 in die Neue Welt.
Picus Verlag, Wien 1999


*Wälde, Rainer*
Der große Kreuzfahrt Knigge.
Rainer Wälde media, Limburg o. J. (2017)

# LOGBUCH

REISE:

---

Datum:

Postion/Hafen:

Wetter:

Besondere Erlebnisse:

---

Datum:

Postion/Hafen:

Wetter:

Besondere Erlebnisse:

Datum:

Postion/Hafen:

Wetter:

Besondere Erlebnisse:

Datum:

Postion/Hafen:

Wetter:

Besondere Erlebnisse:

Datum:

Postion/Hafen:

Wetter:

Besondere Erlebnisse:

Datum:

Postion/Hafen:

Wetter:

Besondere Erlebnisse:

Datum:

Postion/Hafen:

Wetter:

Besondere Erlebnisse:

Datum:

Postion/Hafen:

Wetter:

Besondere Erlebnisse:

Datum:

Postion/Hafen:

Wetter:

Besondere Erlebnisse:

Datum:

Postion/Hafen:

Wetter:

Besondere Erlebnisse:

Datum:

Postion/Hafen:

Wetter:

Besondere Erlebnisse:

Datum:

Postion/Hafen:

Wetter:

Besondere Erlebnisse:

Datum:

Postion/Hafen:

Wetter:

Besondere Erlebnisse:

Datum:

Postion/Hafen:

Wetter:

Besondere Erlebnisse: